最美中国人

尊老爱幼

本书编委会　编

中国大百科全书出版社

图书在版编目（CIP）数据

最美中国人：双色版. 尊老爱幼 /《最美中国人》编委会编. -- 北京：中国大百科全书出版社，2015. 4

ISBN 978-7-5000-9543-9

Ⅰ. ①最…　Ⅱ. ①最…　Ⅲ. ①人物—先进事迹—中国—现代　Ⅳ. ①K820. 7

中国版本图书馆CIP数据核字（2015）第075728号

策划编辑：连淑霞　余　会
责任编辑：余　会
责任校对：李　静
责任印制：魏　婷

中国大百科全书出版社出版发行
地　　址：北京阜成门北大街17号
邮政编码：100037
电　　话：010-88390713
网　　址：http://www.ecph.com.cn
印　　厂：天津画中画印刷有限公司
经　　销：新华书店经销
开　　本：787毫米×1092毫米　1/16
印　　张：12
字　　数：176千字
版　　次：2015年4月第1版
印　　次：2022年12月第4次印刷

ISBN 978-7-5000-9543-9　定价：22.80元

前言

传说中，有一种鸟，它费尽一生寻找属于自己的荆棘树，唱出心中最美、最销魂的歌，在歌声中挥洒自己的生命……

我们的一生，该怎么样去度过，才算是没有遗憾？大爱无语，真水无香。当横祸飞来，当生命处于最关键的那一刻，最美的司机、最美的女老师、最美的妈妈等最普通的人，能够在生命的最后一刻想到的不是自己而是别人，能够挺身而出、舍己救人，他们是祖国的英雄，是新时代最可爱的人！道德的光芒一次次在神州大地上闪烁绽放。他们体现了中华民族高尚的道德情操，诠释了社会主义核心价值观的丰富内涵。

关键时刻的抉择源于日常行为与精神气质。他们在危难时刻迸发出的美丽举动，不仅仅是人性的真实体现，更是一个人价值观的忠实演绎……更多的“最美中国人”，可能没有轰轰烈烈的事迹，但拥有滴水长流的爱心，他们在点滴之中默默践行着奋斗的民族精神。

“我们的国是中国，我们的家是大家，我们的旗是红旗，我们的歌是国歌，我们的江是长江，我们的河是黄河，我们是优秀的炎黄子孙，我们是最美的中国人……”

本书编委会

2014年3月

目录 Contents

老吾老，以及人之老；幼吾幼，以及人之幼。

——孟子

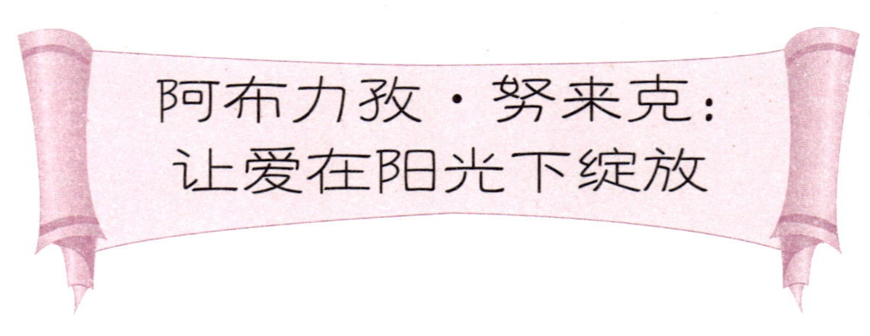

阿布力孜·努来克：让爱在阳光下绽放

阿布力孜·努来克（1934~　），维吾尔族，中共党员，新疆维吾尔自治区喀什地区巴楚县英阿瓦提村村民。

1997年9月的一个早晨，阿布力孜·努来克在忙完农活回家的路上，捡到了一个出生不足10天的汉族女婴。老人在路边等了半个小时，见没人来领孩子，便毫不犹豫地将婴儿抱回家。第二天，他一边寻找孩子的父母，一边抱着孩子到镇医院看病。医生诊断婴儿患的是肛门畸形，但孩子太小，无法做手术。半个月过去了，仍没有人来认领。老人渐渐下了决心：要抚养她长大成人。后来，老人又给女儿取了个好听的名字——阿依布拉克（维吾尔语：月亮泉）。

为了保证阿依布拉克的营养，阿布力孜·努来克买来奶粉，并拌上自己亲手磨的核桃粉和羊油喂给孩子吃。他说："孩子要长身体，还要做手术，不能亏了她。"可他自己却常常吃茶水泡馕。

"就是把家里的地和羊全卖了，也一定要为我的女儿治好病！"由于经常外出求医问药，阿布力孜·努来克家的田地荒芜了，羊也顾不上喂了。3年里，为了给阿依布拉克治病，这个并不富裕的家庭花了

1.2万多元钱，用尽了家里的所有积蓄，还向镇农村信用社借了5000元钱。

阿依布拉克在阿布力孜·努来克老两口的疼爱中渐渐长大，但她一点也不知道自己的身世，只知道自己有一个温暖的家，有非常疼爱自己的爸爸、妈妈。她不明白，为什么父亲总让自己学汉语。2005年，一个偶然的机会，阿依布拉克知道了自己的身世，她扑在父亲的怀里哭了。阿布力孜·努来克摸着女儿的头说："虽然你是汉族，但你是我们的女儿，我们一定要彻底治好你的病，将来把你培养成一名优秀的大学生！"

阿布力孜·努来克夫妇倾尽所有照顾患病汉族女孩的事迹感动了村里的村民和镇上的党员干部。在大家的爱心捐助下，2006年，阿依布拉克的手术终于成功了，她的疾病彻底治愈。

在父亲的影响下，如今的阿依布拉克已成长为一个孝顺父母、品学兼优、乐于助人的好孩子，用自己一颗感恩之心帮助着身边每一个需要帮助的人。

精彩点评

阿布力孜·努来克老人欣慰地说："无论在哪里，我都希望阿依布拉克能记住全社会对她的关爱，她也要用这份爱去帮助每一个有困难的人。"

安淑萍：守护爱的天使

安淑萍，黑龙江省依兰县依兰镇康园社区居民。

安淑萍9岁丧父，19岁丧母。父母的早逝让她变得很坚强，也很懂事。1985年，在明知要照顾两个叔公、抚养三个小姑子的情况下，她不顾哥嫂的反对，与张健结婚了。虽说日子苦了点，一家人对未来还是充满了希望。

然而，屋漏偏逢连夜雨。女儿小玉安出生后，被诊断患有先天性脑瘫。他们夫妇四处寻医问药给女儿治病，从未放弃希望。1991年，在冰棍厂工作的丈夫又下岗了，这个家唯一稳定的经济来源没有了。安淑萍毅然承担起了赚钱养家的重担。既当嫂子又当妈，她尽力补偿着三个小姑子缺失的母爱。为了让三个小姑子能安心读书，安淑萍从不在她们面前谈论家里的经济情况。每年的开学时间，都是她最难熬的时候。为了她们的学费，她有时要硬着头皮借上好几家。就这样一直坚持着把她们三个供到了初中毕业，还求自己哥哥帮二姑子找了工作。

1995年，丈夫张健在打工时意外受伤，患上了严重的心肌炎，不能再从事体力劳动。从此，家庭的重担完全落到了安淑萍一个人身上。1996年，二叔公患上脑血栓瘫痪了。安淑萍二话没说，每天为老人端水端药、伺候大小便、定期擦洗，毫无怨言。1997年腊月初七，二叔公安详地离开了人世。两年后，老叔公又得了二叔公一样的病。安淑萍像亲生女儿一样又伺候了他9年。

20多年的风风雨雨，磨去了安淑萍青春的容颜。7000多个日日夜夜，见证了安淑萍岁月的艰辛。曾经如花的容貌，如今写满沧桑，但却找不到愁容。她常说:“只要我不倒，这户人家就不会散。”安淑萍常常教小玉安唱歌，一起手舞足蹈地看电视。她用坚韧告诉人们，穷困的人家也有歌声和笑声。

精彩点评

凡是熟悉安淑萍家境的人都钦佩地说:“在这样一个苦难重重的家里，安淑萍既是顶梁柱，又是围墙。没有她，这个家早没了。”虽然生活的苦难和不幸一个接一个地向她袭来，她却一直用自己的朴实和坚强支撑着这个贫困的家。

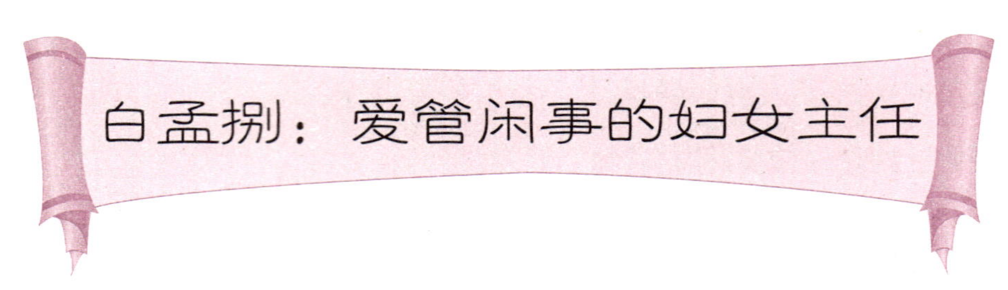

白孟捌：爱管闲事的妇女主任

白孟捌（1963~　），哈尼族，中共党员，云南省红河州红河县架车村村委会妇女主任。

白孟捌的家庭负担很重。她的公公婆婆经常生病，几年来一直躺在床上，大小便不能自理。是她，日复一日地精心照顾老人。丈夫因为摔伤导致三级肢体残疾，丧失了做体力活的能力。白孟捌于是一边照顾伤残的丈夫，一边包揽了家里所有的重活。

就是在这样沉重的生活负担下，她还常年坚持帮助别人。哪家有人生病，她会主动上门照顾；哪家生活困难，她会尽力帮助。不论什么事，只要是她能做到的，她一定会竭尽全力地去做。长时间下来，村民们都亲切地叫她“爱管闲事的”。

她多年来一直帮助本村非亲非故的李安保一家。李安保天生腿脚残疾，出生后不久母亲就去世了。在李安保一岁半的时候，有一次半夜生病，昏迷不醒。白孟捌闻讯后背着孩子就到离家1千米以外的乡卫生院就诊，因抢救及时，保住了孩子的性命。当时，医生以为她是孩子的母亲。因为当地习俗认为，人生病了首先是请老贝玛（祭司）背，背不好了才来医院。白孟捌为了救人，大胆果断做出选择，挽救了一条宝贵的生命。医生得知实情后，夸她是思想先进的农村妇女。

白孟捌同情李安保，可是她自家的境况并不比李安保家好多少。在这样的情况下，她帮李安保家挑水、洗衣、缝补，还帮着插秧、种地、背粪。有的村民说她坚持不了多久，可是她一帮就是六七年。直到现在，白孟捌还时常去李安保家，帮着照顾生活上的一些事情。村民们对她很是敬重。

白孟捌，这位善良纯朴的农村妇女，这位“爱管闲事”的女人，在自己遭遇生活磨难的同时，却还在无私地帮助别人，让人们重塑起自信的渴望，让人们点燃起生活激情的火把。

精彩点评

一个人做一件好事容易，做一辈子好事却很难，在自己已经很困难的情况下一辈子做好事更是难上加难。在村民们眼里，白孟捌做到了。

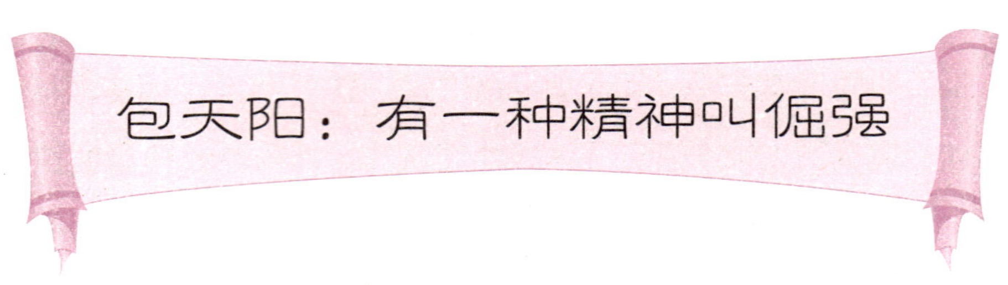

包天阳：有一种精神叫倔强

包天阳（1989~　），出生于四川省射洪县太乙镇，现为射洪县职业中专老师。

1998年，包天阳只有9岁。而就在那一年，长期患有风湿、腿脚不便的母亲由于不慎跌倒，导致尾脊骨断裂，从此卧床不起。年老体衰的父亲为了支撑家庭所需外出打工，完整的一家被生活、疾病弄得分隔两地。也就是从那一年开始，尚未成年的包天阳独立照顾了母亲近13年。刚开始的那几年，包天阳的父亲还能每月寄回100~200元支撑家里的生活，后来便渐渐没了音讯。患病母亲的医药费、自己上学读书的费用、母子的生活开支，每一样对包天阳来说都是沉重的负担。他一边照顾母亲、一边上学，同时还兼顾家里的农活。那几年，包天阳每天早上5点起床，准备早饭、料理母亲的洗漱后再徒步上学。为了补助家里的生活，给母亲买必需的药品，包天阳总是利用假期干各种兼职挣取所需生活费。从初中开始，苦力、侍应、送报等，没有一样累活包天阳没做过。上大学前的每一天，包天阳总是累得沾床即睡。母亲每每看见孩子疲累的样子心疼不已，却只能暗暗流泪。

2009年，对包天阳来说，同样是人生的转折点。在家里亲戚、社会热心人士的帮助和关注下，包天阳走进了高考考场。6月，辛苦拼搏了一年多的包天阳终于拿到了高考成绩单。西华师范大学的录取通知书对于包天阳一家来说，是一份珍贵的礼物。但是，如何在上学期间照顾好母亲成了包天阳的心头大石。面对难以抉择的包天阳，母亲曾说，孩儿，你放心上大学，妈妈可以的。那一刻，包天阳又如那一年一样哭了……最后，一位长期关注包天阳母子的记者带来了及时雨，顺利协助包天阳走进大学校园，和母亲一起踏上了求学之旅。他一如既往地照顾着母亲，一如既往地对母亲不离不弃。

他没有丰裕的家庭条件，没有一帆风顺的生活环境，却有着一颗坚韧的内心。他是乐观的，他是坚强的，家里最难的日子都挺过来了，还有什么不能坚持呢？没有什么胜利可言，挺住就是一切，倔强是不变的精神。

精彩点评

山没有悬崖就不再险峻，海没有惊涛骇浪就不再壮阔，河没有跌宕起伏就不再壮美，人生没有挫折磨难就不再坚强，人如果没有坚持到底的毅力，就不会成为生活的强者。

车亚华：有口皆碑的好儿媳

车亚华（1971~　），北京市东城区景山街道魏家社区居民。

1998年车亚华结婚时，年近六旬的婆婆已经患上严重的出血性肺结核，需要专人照顾。她毅然辞去了工作，冒着被传染的危险，在家精心照顾婆婆的起居生活。每天都变着花样为婆婆做可口又营养的饭菜，给婆婆洗衣服、床单和被子，帮婆婆收拾房间并消毒，每周为婆婆洗澡，定期为婆婆理发。由于生病整天卧床，婆婆难免有心情不好的时候。每当这时，车亚华更是心平气和，拉着手陪婆婆聊天，给她买书和报纸看，想尽一切办法逗老人开心。在陪伴婆婆走过人生的最后4年里，车亚华对婆婆悉心照料，从没有红过一次脸。

2007年婆婆去世后不久，车亚华又与爱人一起把住在姑妈家的86岁的爷爷接到了自己家。此时，老人已经双目失明、双耳失聪。她每天都拉着爷爷的手，陪老人谈心，给爷爷解闷。在医院下发了爷爷的病危通知书后，车亚华仍不放弃，两天两夜没合眼，始终拉着爷爷的手，反复说着："有我陪着您，您会没事的。"一个礼拜以后，她的孝心感动了上天，老人的身体奇迹般地逐渐恢复。

2003年，车亚华63岁的公公因脑梗塞失去了自理能力。出院以后，为方便照顾老人，车亚华就把自己的床挪到公公的房里，给公公翻身、按摩，从此没有睡过整宿的觉。2011年春节前，公公的病情又突然加重，为了照顾老人，车亚华连续整整7天没合眼。最终老人还是走了，但临走时，嘴角挂着的是安详的笑容。

爷爷的身体渐渐好起来以后，车亚华又向社区请求，给她介绍需要帮助的老人。同时，她还自己找到楼下的一位需要照顾的独居老人。她对老人说："从现在起，您就把我当成您的闺女，今后若有什么事，都可以给我打电话。"春节前，车亚华主动去老人家里打扫卫生，除夕夜亲手煮好了饺子给老人送去。车亚华认为，上天给了她一副好的身子骨，就是让她照顾老人的。等家里老人百年之后，她希望把精力投向社会，继续为更多需要帮助的老人服务。

十几年来，车亚华全心全意侍奉久卧病床的婆婆、公公和爷爷，对待其他老人就像自己的亲人一般，以一个普通人的实际行动诠释了中华民族的传统美德，在平凡的人生中演绎着伟大和高尚。

精彩点评

1996年结婚以来，车亚华就担起照顾生病老人的担子，14年如一日，无怨无悔地侍奉着患病的婆婆、公公和爷爷，一手操持着整个家，谱写了一曲人间至孝的乐章。

陈斌强：孝更绝伦足可矜

陈斌强（1974~　），浙江省磐安县冷水镇中心学校初中语文教师。

陈斌强9岁时父亲车祸去世，妈妈独自抚养三个孩子长大。2007年，妈妈得了老年痴呆症，丧失了日常生活能力。一天，陈斌强的姐姐在无意中提到，妈妈最大的愿望就是和儿子住在一起。陈斌强回忆起多年来妈妈对自己的付出，他决定再困难也不会丢下妈妈。那时，陈斌强的儿子不到两岁，妻子建议他把妈妈送到养老院去，他说："一个连儿子都不认识的老人，送到养老院，被欺负了怎么办？"为了照顾妈妈，他硬是把儿子提前一年送进幼儿园。

鞠焕宗／新华

为了能每天亲自照顾母亲，他每天用一根布条把母亲绑在自己身上，骑着电动车行驶30千米去学校上班。开始同事们都不太理解，说："这样带在身边照顾，一两天倒可以，一年两年怎么吃得消？”可陈斌强做到了，一连5年，风雨无阻地带着妈妈上班。照顾母亲的生活异常辛苦，陈斌强一天到晚连轴转：晚上9时，服侍母亲睡下；凌晨1时，准时起床抱母亲上厕所；清晨5时，闹钟响起，他要赶在师生之前起床，将母亲房间打扫干净，处理好母亲的大小便；早上7时喂母亲吃过饭后，开始学校一天的工作。尽管生活上的事儿很多，可是陈斌强的教学任务却一点也没落下，他教着两个班的语文，负责教初一学生广播体操，总管学校体艺2+1活动。他总说：“我是跑着走的。”

陈斌强付出的孝心，不仅抚慰着母亲，也抚慰着每一位中国人的心。这种中华民族朴素而真挚的人性之美，可以作为社会的良药。

精彩点评

小时候，这根布带就是母爱，妈妈用它背着你。长大了，这布带是儿子的深情，你用它背着妈妈。有一天，妈妈的记忆走远了，但爱不会，它在儿女的臂膀上一代代传承。

陈春香：久病床前有孝媳

陈春香（1973~　），海南省海口市美兰区三江镇苏寻三村村民。

陈春香生活在一个有十几口人的大家庭里。丈夫常年在外打工，家里家外大事小事全靠她一个人张罗。公公体弱多病，受顽疾困扰，腿脚行动不便；婆婆患有轻度的智力障碍，完全丧失劳动能力，生活不能自理。每当两位老人病痛发作时，陈春香总是及时带他们求医问诊，喂饭送药、端屎端尿。陈春香对久病的老人不离不弃，无怨无悔地孝敬老人，被全村人誉为“好媳妇”。公公对村里人常说的一句话就是：“我得到一个好女儿啊，就是我的病拖累她，害苦她了。”

陈春香很有经营头脑，是家里的顶梁柱，是妯娌们的好大嫂。为了照顾好老人和孩子的饮食起居，她起早摸黑、披星戴月地劳作，不仅种水稻、养鸡、养猪、养羊，还淡水养殖鱼虾，以此挣些收入贴补家用。通过陈春香的辛勤劳动，一家人的生计虽算不上宽裕，却也能衣食无忧。

陈春香教子有方，在她的言传身教下，两个年幼的儿子非常懂事。每次陈春香跑前跑后辛苦忙碌的时候，哥哥总是主动带着弟弟照顾爷爷奶奶，帮忙料理家务。村里人对哥俩赞不绝口。

她只是一个普通的农妇，却用自己的善良和孝心，多年如一日地照顾体弱多病的公公和弱智的婆婆，还有村里有困难的老人。她用自己的宽容和慈爱，营造了团结和睦的家庭关系，备受村民称赞。

精彩点评

多年来，陈春香以她的孝心、慈爱和宽容，营造了团结和睦的家庭关系，成为全村的典范。

陈春香：用坚强的心撑起一片天

陈春香（1979~　），江西省新余市渝水区下村镇何家村委邓家村村民。

陈春香的丈夫何小珠原本有着健康的身体和正常的智力，而且还有一门木工手艺，和陈春香过着幸福宁静的生活。可天有不测风云，这一切，被一场飞来横祸打乱了。

2006年5月，何小珠像往常一样去城里打工，路上被一辆违章行驶的摩托车撞伤，导致严重颅内损伤，失去知觉。得知这一消息的陈春香当时感觉天都要塌下来了，在医院照料丈夫的185个日日夜夜里，她从痛苦中平静下来了，对自己说：丈夫不能动了，儿女还小，他们都需要我，我不能逃避。2006年9月，在花去了10多万元医药费，再也无力支付治疗费用后，陈春香毅然把还是毫无自理能力的丈夫接回家中照料。出院时医生说："看他的造化了，我们也无能为力。"

一边是整天需要护理、毫无知觉的丈夫，一边是两个年幼的儿女，面对生活的不幸，陈春香选择了坚强和付出。丈夫出事后，家里没了经济来源，陈春香就到附近的一家厂子找了一份干杂活的工作。为了不耽误上班，每天她都比家人提前近两小时起床，做好饭后叫孩子吃饭，然后送孩子上学，回来又要赶紧伺候丈夫洗漱，喂他吃饭，帮他翻翻身，才去上班。中午，她又要急忙赶回家做饭，晚上吃完饭就赶紧洗衣服，每天都感觉时间不够用。

在陈春香的精心照料下，丈夫的身体康复了不少，从以前的毫无知觉到能够坐起来，还能简单地和家人进行交流，精神状态也比以前大有好转，两个孩子也在目睹母亲日复一日的辛劳中长大了。女儿中考考取了市四中，儿子也上小学了。不幸的是，陈春香家中还有一个80多岁双目失明的婆婆。丈夫出事后，婆婆和丈夫的哥哥一家生活在一起。陈春香不忘经常去看望老人，有点好吃的就要端给婆婆吃。陈春香深情地说道:“我苦点累点没啥，他们都是我的亲人，我不照顾他们谁照顾他们？”

这个命途多舛而又无比坚强的农村女性，就是这样多年如一日地承担着家庭重担，用她那柔弱的身体撑起了一片天。

精彩点评

陈春香不离不弃悉心照料瘫痪丈夫，用真心、真情、真爱维系一个家庭，于平凡中演绎着人间大爱。

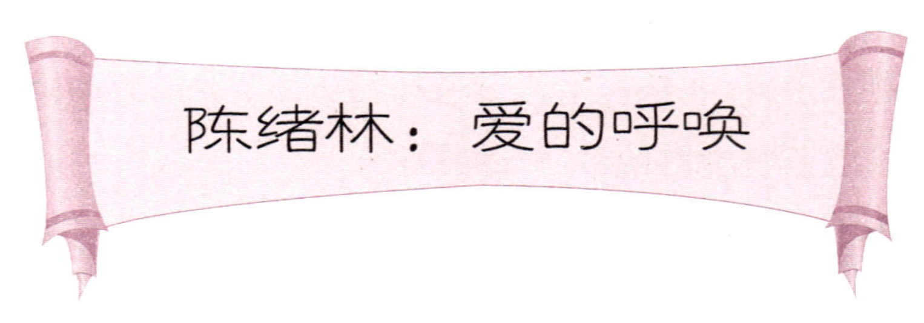

陈绪林：爱的呼唤

陈绪林（1931~ ），湖北省黄石市湖北新冶钢退休工人。

1950年，陈绪林进入大冶钢厂当了一名普通工人，由于工作积极，很快当选为车间班长。1953年，他经人介绍结识了女友赵桂华。不久，两人结婚并育有一儿二女。一家人虽然日子过得清贫，但却和睦友爱，十分幸福。

1975年，厄运突然降临到这个家庭。赵桂华登楼取物时不慎摔倒，头部受重伤，虽经手术抢救挽回了生命，却成为植物人。从此，他独自挑起照料妻子和家务的重担。

他每天早上5点钟就起床，准备好一日三餐的饮食。中午趁工作间隙赶回家，常常是喂完妻子，上班时间就到了，不得已他只能忍着饥饿工作。晚上到家后，他要为孩子和妻子洗澡、洗衣服，等忙完了，往往已是深夜，整个人疲惫不堪。夏天，他为妻子扇风驱蚊；冬天，他为妻子加衣被换热水袋……

为了让妻子进食，陈绪林用注射器和胶管，将牛奶、鸡蛋花等食物通过妻子口腔注射到胃里。为了保证妻子的营养，陈绪林每天琢磨妻子该吃什么、吃多少，很快摸索出妻子的“口味”和食量。每天，他做好家务后，便坐在床边一边为妻子按摩腿脚，一边讲述身边的奇闻轶事。为了家庭，他几乎放弃了所有的爱好，就这样周而复始、年复一年地忙碌着。30年来，陈绪林没睡过一个安稳觉，也没让妻子身上生一个褥疮。

2006年8月的一天，陈绪林惊讶地发现，沉睡了30年的植物人妻子的嘴唇开始蠕动，眼睛睁开流下了眼泪，接着发出一声“喝水”的声音，这令陈绪林惊喜万分。在陈绪林的细心照顾下，妻子现在一边手脚已逐渐恢复，神志清楚，可以与人简单交流。不久前，区文明办和社区为这对患难夫妻举行了金婚庆典，这对老人又过上了平静而幸福的生活。

“人要讲良心”，这是只有小学文化程度的陈绪林的一句“口头禅”。30年来，他用自己的行动践行了这句朴实的话语。

精彩点评

从44岁到76岁，他用一万多个日日夜夜的深情守护，唤醒了沉睡30年的植物人妻子，创造了爱的奇迹。

陈雪峰：有爱就有温暖

陈雪峰(1966~)，中共党员，湖南省祁东县红旗水库管理所党支部书记。

1997年初，陈雪峰的母亲突然患上一种怪病，发病时高烧不退，腹部肿胀、内脏疼痛、全身僵硬、卧床不起。陈雪峰带着母亲走遍了大大小小的医院，后被确诊为亚急性败血症。医生说，这种病的治愈希望很渺茫，只能靠护理和药物延续生命。母亲想放弃治疗。陈雪峰安慰母亲说："现在医术很发达，就是跑遍全中国，我也要想办法。"为了给母亲筹措医药费，他把在县城刚买的集资房卖掉；为了有效救治，他买回了许多医书古籍，拜访了许多民间中医，还学会了自己注射、按摩、开药方。

屋漏偏逢连夜雨。母亲的病刚有起色，2004年3月，父亲又突发脑溢血昏迷，通过3个多月的住院治疗和陈雪峰的精心护理，父亲才从死神手中被拉了回来，之后便瘫痪在床。照顾父亲的重担又落在陈雪峰身上。下班后，陈雪峰陪父亲聊天，用轮椅推着父亲到街上散心，为父亲翻擦身子、熬汤煎药。老人有时莫名其妙地发脾气，陈雪峰总是默默忍受，耐心开导。瘫痪的父亲生活不能自理，陈雪峰常常是一口一口地给父亲喂饭。父亲像小孩一样边吃边流口水，吃一半剩一半。为了节省，他常吃父亲剩下的口水饭。

陈雪峰的儿子1995年出生时就患上脑瘫，由于不能运动，肢体慢慢开始萎缩。在照顾父母的同时，陈雪峰每天还要坚持为孩子进行全身按摩，教孩子读书、识字，从不间断。为了更好地照顾父母和孩子，陈雪峰把他们接到了工作驻地生活。一家老小挤在水库管理所一间16平方米的房子里，一住就是7年。

十几年风雨，十几载艰辛。这个家庭，集中了太多的苦难，也凝聚了人间最真的感情。陈雪峰是父母的拐杖，是孩子的翅膀。他脸上总是挂着笑容，没有人看得出来他灿烂笑脸后面是怎样的人生写照。他与妻子十几年如一日，默默悉心地照料父母和儿子，关爱着身边的每一个人，书写着孝老爱亲的感人故事。

精彩点评

接二连三的厄运，无情地降临到陈雪峰的家庭，儿子先天弱智，母亲患亚急性败血症卧病在床，父亲突发脑溢血瘫痪。陈雪峰十几年如一日，悉心照顾患病的父母，用不屈的脊梁撑起整个家。

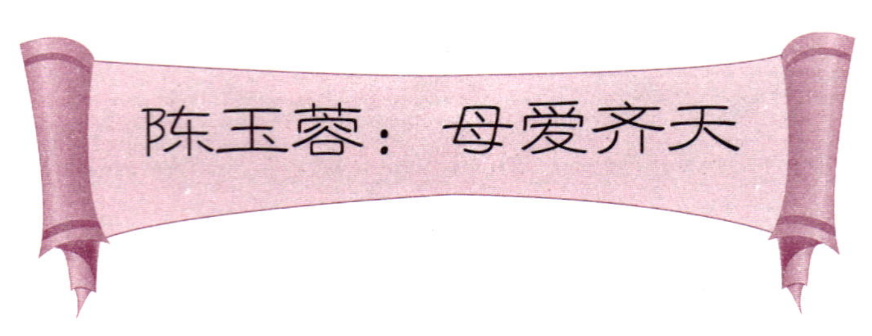

陈玉蓉：母爱齐天

陈玉蓉（1954~　），湖北武汉人，是患有先天性肝脏功能不全疾病的叶海斌的母亲。

陈勇/新华

陈玉蓉的儿子患有先天性疾病，肝脏功能不全。2008年12月，他的肝病又一次发作。眼看儿子的病情一天天加重，陈玉蓉决定，要用自己的肝脏换回儿子的性命。可是到医院一检查，这个想法被医生否定了。医生说，在做肝穿刺过程中发现，陈玉荣有中到重度的脂肪肝，供肝的话，对供者会产生一定风险。

为了完成换肝救子的心愿，她开始了每天暴走10千米的减肥计划。在武汉市江岸区谌家矶堤坝上，每天天刚亮，人们就会看到陈玉蓉疾步行走的身影。从2009年2月开始，她每天早晚都会在这条路上“暴走”，只为能减掉自己的脂肪肝，换肝救子。在7个月时间里，陈玉蓉走破了四双鞋，以前的衣服也变得宽松了，体重从68千克减到了60千克。去医院一检查，脂肪肝居然完全没有了。这个结果让医生都觉得大为震惊。武汉同济医院器官移植科联合相关科室进行大会诊，一致通过“暴走妈妈”的捐肝申请。

她疾走的照片，强烈地震撼了我们的心灵。这种姿态，如此心酸，如此美丽。为了孩子，母亲可以奉献多少？这是一个永无止境的答案。

精彩点评

这是一场命运的马拉松。她忍住饥饿和疲倦，不敢停住脚步。上苍用疾病考验人类的亲情，她就舍出血肉，付出艰辛，守住信心。她是母亲，她一定要赢，她的脚步为人们丈量出一份伟大的亲情。

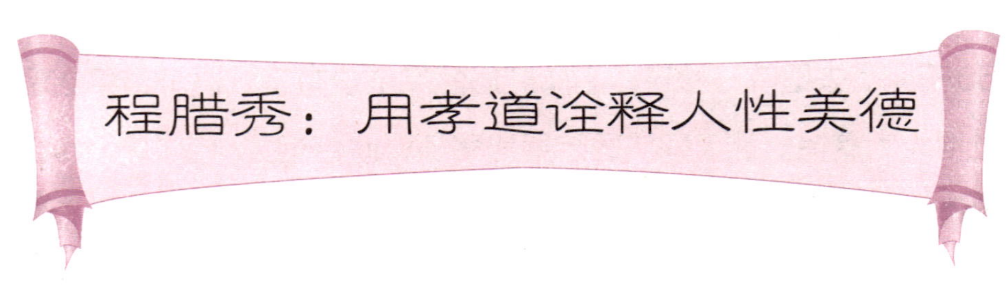

程腊秀：用孝道诠释人性美德

程腊秀，重庆市南川区头渡镇玉台村村民。

程腊秀的命运十分曲折。2003年，因瓦斯爆炸，外出打工的丈夫不幸遇难。突如其来的变故让程腊秀成了家里唯一的支柱，她告诉自己："无论如何都要好好活下去，好好照顾儿子与公婆。"

在公婆的再三劝解及媒人的撮合下，2004年程腊秀决定和邻村丧偶的杨代强结婚，但她提出了一个十分特殊的条件：要带着公公婆婆再嫁，而且必须签协议书。程腊秀善良纯洁的心灵感动了杨代强，他表示理解，并给予了大力的支持。在简朴而又庄重的婚礼上，杨代强在程腊秀草拟的《赡养协议书》上郑重地签上了自己的名字。从此，两人共同承担起了赡养程腊秀原来的公公婆婆的责任。

2004年7月，前夫的父亲彭久方老人不慎从楼上摔下致重伤。在医院，程腊秀与丈夫日夜守护在老人身边。在他们的精心照顾下，老人度过了8天的危险期。夫妻俩随后把老人接回自己家里。程腊秀像老人的亲闺女一样，为老人端茶送水、倒屎端尿。在程腊秀与丈夫的悉心照顾下，彭久方老人终于康复。

2007年4月，彭久方老人家中突然失火，四间房屋瞬间化为灰烬。由于火势太猛，家中的一切都没有抢救出来。当程腊秀夫妇闻讯赶来时，只见两位老人穿着单薄的衣服六神无主地呆立在废墟前。程腊秀安慰两位老人说："这个家没有了，我们不是还有一个家嘛！"她和丈夫随即把两位老人接到了自己家中。他们主动把朝阳的房间让给了两位老人住，并为他们换上新的被褥。为解老人的心头之忧，夫妻俩省吃俭用，重新给老人添置了寿木。

这些年，程腊秀和丈夫没有穿过什么新衣服，鞋子破了补补再穿。但用在老人身上，他们从不吝啬。他们无怨无悔，付出了满腔的爱心，换来了内心的充实。

精彩点评

程腊秀赡养着7位老人：自己的亲生父母、前夫的父母、现任丈夫的前岳母和父母。同时她还要抚养年幼的儿子。多年来，程腊秀用自己的孝心感动着周围的人，成为家喻户晓的"孝顺媳妇"。

邓桂芳：用爱谱写生命绚丽的篇章

邓桂芳（1978~　），壮族，中共党员，广西壮族自治区钦州市钦北区板城镇那香卫生院护士长。

邓桂芳的丈夫是个孤儿，家里有3位年过八旬的老人：患有前列腺肥大症的爷爷，一直插着尿管生活；常年卧病在床的伯爷爷，患有褥疮，生活不能自理；患高血压、类风湿性关节炎等重病的姑奶奶，行动不便。婚前，丈夫就曾提醒邓桂芳，家里有3位高龄老人需要照顾。邓桂芳爽快地说："老人就由我来照顾吧。"

结婚当年，邓桂芳住在钦州市钦北区那香卫生院，3位老人住在老家，两地相隔将近100千米。邓桂芳开始只能利用休假或双休日，抽空去照料老人。后来为了更好地照顾老人，并且不影响工作，邓桂芳干脆把3位老人接到了那香卫生院与自己同吃同住。一家6口人挤在一套50多平方米的房间里，邓桂芳让3位老人住大房间，自己和丈夫、孩子住在小房间。

每天，邓桂芳细心地为伯爷爷喂饭喂水、翻身擦洗、接大小便，为姑奶奶按摩、擦背、穿衣，为爷爷更换尿袋、消毒插管。老人肠胃不好的时候，会把房间里弄得又脏又臭。邓桂芳从不嫌弃，总是先帮老人擦洗干净身体，再把房间清洁干净。老人情绪不稳定时，邓桂芳总是耐着性子，不厌其烦地开导、迁就，想尽办法逗他们开心。由于担心老人不适应新环境，邓桂芳还几次放弃了调到条件更好的单位工作的机会。就这样，邓桂芳一年365天细致入微地照顾这3位年迈体弱的老人，像陀螺一样整天转个不停。2007年，伯爷爷去世，邓桂芳按照当地农村习俗，为老人料理了后事。

无论是对亲人还是病人，邓桂芳都照顾得无微不至。从1997年9月分配到钦州市钦北区那香卫生院从事护理工作以来，她十余年如一日，爱岗敬业，默默地把自己的青春和热血奉献给这一神圣的职业，将爱心无私地奉献给病人，并一步一个脚印地由护士成为护士长。作为一名护士长，她放弃了大量的休息时间，逢年过节或法定休息日，经常让其他同事休息，而自己继续加班加点。别人问她："常年在这里工作，你不觉得累吗？"她总是微笑着说："我觉得这样的生活才充实，给病人减轻痛苦是我最大的快乐！"

熟悉邓桂芳的人都说，在医院，邓桂芳是一位出色的白衣天使；在家里，她是一位好媳妇。她从不因家里的事情耽误工作，也从不因工作而忽略了自己的亲人。这就是邓桂芳，一个普通却不平凡的共产党员，一位有着凡人没有的勇气和毅力的白衣天使。

精彩点评

敬老爱老助老是我们中华民族的传统美德，是先辈传承下来的宝贵精神财富。在我们源远流长、博大精深的传统文化中，重视人伦道德、讲究家庭和睦是我们文化传统中的精华，也是中华民族强大凝聚力与亲和力的具体体现。邓桂芳就是用她的行动践行着"老吾老以及人之老"的做人准则。

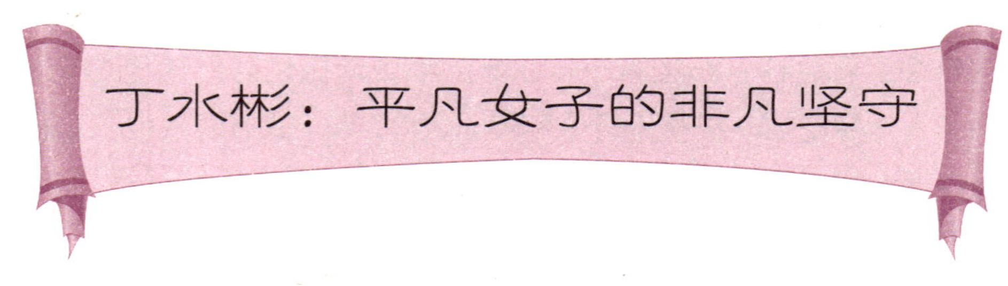

丁水彬：平凡女子的非凡坚守

丁水彬（1971～　），陕西省西安市雁塔区红专南路社区居民。

从小父母双亡的丁水彬，由姨妈抚养长大，卖过蔬菜、豆腐脑，学过裁缝，摆过摊，苦难的生活培养了她善良诚实的品德。1999年，丁水彬与王健宏相识相恋。当时，王健宏年近七旬的父亲高位截瘫卧床已36年，生活完全不能自理；婆婆多年照顾丈夫积劳成疾，也动过两次大手术。周围好多人劝丁水彬要慎重考虑。可她说："这些事我不是没想过，但人都要老，有病谁都难免，自己年轻出点力又算得了什么？"不久，丁水彬就和王健宏举行了简朴的婚礼。

婚后，丁水彬白天出摊做裁缝，晚上回家之后，就帮助婆婆一块照料公公。因公公大小便失禁，经常尿湿裤子，有时还会拉到褥子上，天天都要洗两三大盆。为了让公公少受罪，她缝制了很多内外裤和褥子，随时给老人换洗。每天早晨起床，给公公的伤口烤电、换药、擦洗身子，每两三小时再帮助上一次厕所、翻一次身。遇上好天气，丁水彬经常推公公到室外晒太阳、看街景。

2002年，不幸再次降临到这个多灾多难的家庭。年仅33岁的丈夫王健宏，因一次药物过敏导致双目失明。为了给丈夫治病，她跑遍西安所有大中医院求医问药，后来又带着丈夫到北京各大医院看，长途奔波劳累使她的身体疲惫不堪。在陪护丈夫期间，一次婆婆突然发病，她连夜把婆婆送到医院，守在病床旁两天两夜没合眼。等婆婆病情稳定后，她又连忙赶回家给公公清洗、翻身、做饭。几天下来，因过度劳累，她几次晕倒在地。

面对家里两个重残、一个重病的亲人，她开始了照顾3个病人的生活。为了尽可能节省开支，她自备了周林频谱仪、哈慈针、拔罐器、六合一治疗机、氧气袋等，学会了打针、换药、理疗、按摩，成了半个家庭医生。家人遇到一些小伤小病，不用请大夫，她自己就能处理。

多年来，公公、婆婆和丈夫看病吃药耗费了十几万元，家中负债累累，丁水彬忍受着巨大的心理压力。尽管如此，她从未想过离开这个家，毅然承担起家庭的重担，用无私的爱为这个不幸的家庭撑起一片晴空。

精彩点评

10年来，丁水彬含辛茹苦，悉心照料着高位截瘫的公公、体弱多病的婆婆和双目失明的丈夫，虽负债累累，仍无怨无悔，负重前行，用柔弱的双肩撑起一个苦难的家庭。

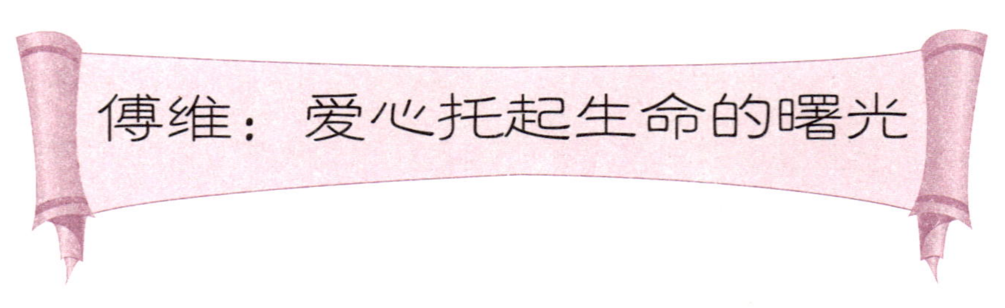

傅维：爱心托起生命的曙光

傅维（1982~　），满族，北京市怀柔区怀柔镇石厂村村民。

2003年，21岁的傅维嫁到了怀柔镇石厂村。丈夫家可谓“东拼西凑”。丈夫是奶奶从小抱养的，就在丈夫10岁时，智障的婆婆才从外地改嫁给已近50岁的公公。家里只有年迈体弱的奶奶和丈夫能正常生活和劳动，一贫如洗，困难重重。初为人妻的傅维看到家里如此窘迫，面对奶奶和丈夫期待的眼神，经过激烈的思想斗争，她坚定地对丈夫说：“你放心吧，我相信真正的爱可以超越一切，既然缘分让我们走到一起，就让我们携手共同撑起这个家吧。”

从此，傅维家里家外一把手，挑起家庭生活的重担，用行动书写了“久病床前有孝媳”的孝老爱亲之歌。

由于年近六旬的公公、婆婆都有智障，且公公患有偏瘫长年卧床不能自理，照顾老人的负担很重，傅维就改变生活习惯，每天早上5点起床，从为全家做饭、洗衣服到照顾老人，一直要到晚上全家人都睡了她才休息。为了让丈夫安心工作，为年近八旬的奶奶减轻家务劳动压力，傅维还辞去了工作，全身心地投入家务中。她每天给公公和婆婆端水喂饭、敷药按摩、洗漱更衣、倒屎倒尿，日复一日、年复一年，任劳任怨，从不嫌弃。

傅维和奶奶、公婆生活了这么多年，即使老人有过分的言语行为，她也是用真诚的爱心，去换得老人的理解。婚后第二年，公公因突发脑梗塞住进医院，已经怀孕的傅维在医院精心陪护老人两个月。脾气暴躁的公公腿脚不好，又有高血脂、高血压等疾病，医生建议他少吃油腻食物。但当傅维好心提醒公公少吃点儿肉时，公公却把筷子往桌子上一摔:“我不吃了，死了得了。”听到这话，她一边流着委屈的泪，一边耐心地向公公解释:“不是怕您吃，而是为您身体着想。”

80岁高龄的奶奶身体越来越弱，为了更好地照顾老人，傅维把年仅两岁半的儿子提前送进了幼儿园。秋冬时节，奶奶因哮喘病住进医院。白天，她不但要给奶奶端水喂药，还要照顾家里的公婆。傍晚，从幼儿园接回年幼的儿子，一边带孩子，一边操持家务。她每天的生活就是围着3位老人转，虽然嫁到怀柔多年了，但对怀柔还是十分陌生。

2003年以来的含辛茹苦，使傅维牺牲了自己的很多东西，但却换来了这个不幸家庭的幸福，赢得了周围人们的尊敬和赞美。

精彩点评

2003年，傅维从河北丰宁嫁到怀柔一个特殊的五口之家后，便含辛茹苦照料年老体弱的奶奶和智障的公公、婆婆，抚养孩子，操持家务，以热忱的孝心和柔弱的双臂撑起了这个贫穷困难的家庭。

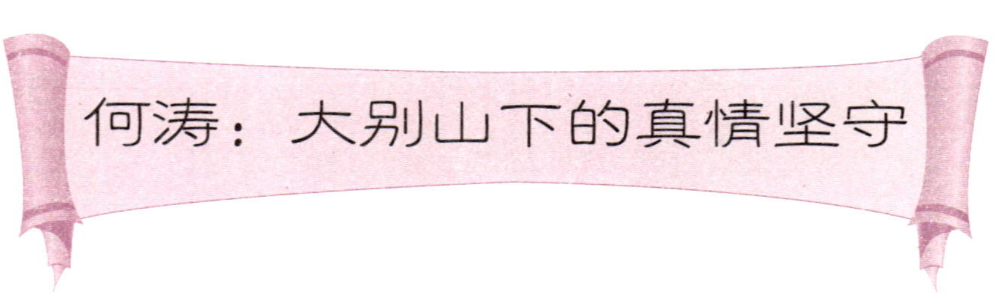

何涛：大别山下的真情坚守

何涛（1984～ ），出生于上海，共青团员，安徽省六安市裕安区西河口乡卫生院护士。

2004年，何涛与在上海打工的六安小伙子侯灿相识并坠入爱河。两人热恋的消息很快传到何涛家里，家人坚决反对。可倔强的何涛还是瞒着母亲与侯灿走进了婚姻的殿堂。

2005年10月27日凌晨，加班回家的侯灿不幸遭遇车祸，颈椎骨折，脑部积水，很有可能成为植物人。住院期间，何涛强忍悲痛守护在侯灿身边，每天俯身对他说话。在何涛真诚的呼唤和精心照料下，侯灿逐渐恢复意识并苏醒过来。侯灿的病情稍稍稳定之后，迫于经济压力，何涛决定跟侯灿回大别山里的老家，因为那里的花销会比在上海小很多。侯灿知道后反复哭劝何涛再好好想一想，但何涛平静地说："我已想清楚了，愿在深山守候你一辈子，就算这辈子你无法站起来，我也愿做你一生一世的'拐杖'！"

就在他们回去后不久，不幸再次降临，侯灿的妈妈因担心儿子病情，导致脑溢血造成了半身偏瘫。侯灿已全瘫，侯妈妈又是半瘫，此时的何涛心中虽百感交集，但还是毅然挑起了照顾丈夫和婆婆的重担。

从未干过农活的她学会了插秧、割稻、种菜、采茶，甚至包揽了一大家人的所有家务活。现在，侯灿的双臂和双手都能运用自如了，双腿也能坐在轮椅上简单地挪动。何涛坚信，她和孩子一定可以看到侯灿站起来的那一天。

爱如一道阳光，把艰难的生活照得温暖透亮。城市姑娘何涛用柔韧的肩膀坚强地担当起生活的重负，用自己的辛劳与奉献诠释了爱的真谛，让我们在新一代年轻人身上看到了孝老爱亲的传统美德与优秀品质。

精彩点评

爱能穿越世俗，爱是一生的承诺，是性命相托，生死不离。

黄代小：阳泉最美婆婆

黄代小（1948~　），山西省阳泉市蔡洼街道办事处蔡东社区居民。

1994年，儿媳刘雪莲嫁过来没多久便得了类风湿性关节炎。为了给她治病，婆婆黄代小领着雪莲跑了多家医院，但是不见疗效。类风湿性关节炎把雪莲折磨得痛苦万分，终致全身瘫痪。这一来，更忙坏了黄代小。黄代小不仅给雪莲喂饭喂水、倒尿倒屎，还时不时用热毛巾给她擦身，并给她讲笑话逗乐儿。每天夜里，黄代小要帮雪莲翻七八次身，以减轻疼痛。

让雪莲感动的不只是这些。有一天，雪莲忽然发现黄代小浑身长满了红色的斑。她急忙劝黄代小去医院看一看。黄代小却说没事。细心的雪莲看见婆婆偷偷将前几天从山上采回来的两堆中草药，倒掉了一堆。一问才知道缘由，原来黄代小对能治雪莲的草药认不准，为了用对药，黄代小就用自己做试验。结果，那堆假草药喝得她浑身起了红斑。

雪莲的病让原本就不宽裕的家庭更加困难。为了不再拖累婆婆一家，雪莲下定决心要离婚，但黄代小坚决不答应。为此，雪莲绝食好几天。儿子在无奈之下同意离婚。办理完离婚手续后，雪莲让“婆家”人把她抬到楼下去住，可黄代小抱住她，哭着说：“孩子，你的心思我知道，当不成儿媳就给我当女儿。从今天开始，妈无论去哪里都带着你，只要有妈吃的就饿不着你，有妈穿的就冻不着你。”就这样，黄代小依然全心照料着这个离了婚的“儿媳”。可她到底上了年纪，一天伺候下来腰酸腿疼，每天洗涮雪莲弄脏的衣服被褥，双手都痉挛变形了。为了雪莲能康复，黄代小还学会了按摩。

看到婆婆每次为自己翻身累得满头大汗，给自己喂饭时流露出疼爱的目光，雪莲感动得放声大哭：“妈妈，下辈子我一定报答您！”她不止一次想过用自杀来求得解脱，以减轻婆婆一家人的负担。察觉到儿媳有轻生的打算，黄代小眼眶湿了。她一边责怪一边开导雪莲，“世上没有迈不过去的坎，进了这家门，就是一家人，有啥困难也要全家一起扛。”黄代小说，她最大的梦想是雪莲的病治好了，一家人又快乐地生活在一起。

黄代小，我们生活中的一位普通人，用质朴的话语、不平凡的事迹，向我们诠释了道德的力量，震撼了所有人的心灵。

精彩点评

世界上唯有两样东西让我们深深感动：一是我们头顶灿烂的星空，一是我们内心深处的道德。

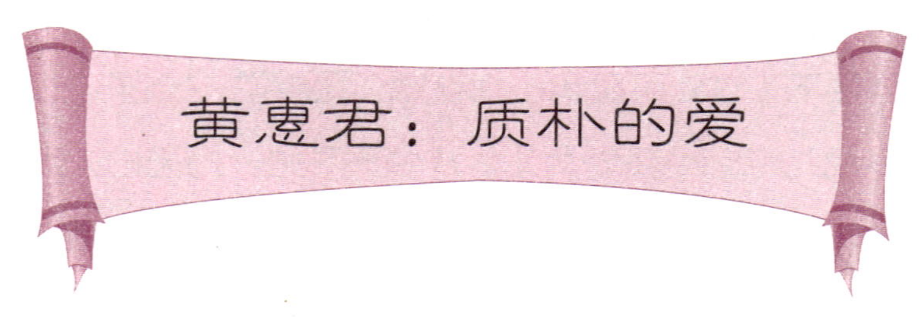

黄惠君：质朴的爱

黄惠君，成都崇州市王场镇东风村二组村民。

1987年黄惠君与冯兴国结婚，走进了这个特殊的家庭。面临一个精神失常、生活不能自理的哥哥冯兴中，还有两个在校读小学、而且有耳残语言障碍的弟弟冯兴贵、冯小玉，更有年迈的婆婆，家里没有半点收入，生活非常困难。看到婆婆非常无助的表情，她同丈夫商量，让丈夫外出打工，自己一个人承担家里的一切。

为了生存，为了让两个弟弟能上学，她在家搞起了副业，喂鸡、养鸭，还外出学习种植业。就这样她整整坚持了三年，直到两个弟弟初中毕业。1990年7月16日，精神失常的哥哥吃完早饭，外出散步时，突然走失了。全家人和周围的村民连续三天四处寻找。在这难熬的三天里，婆婆整天以泪洗面，黄惠君夫妇也没有吃好一口热饭。白天到处寻找，晚上还要陪在婆婆的身边照顾她，安慰她。周围的村民找了几天后，都觉得没有希望，但黄惠君坚持前往成都、雅安、新津、灌口等地张贴寻人启事，继续寻找。就这样，黄惠君夫妇从来没有放弃过，只要听说哪里有精神失常的人，他们都会去看看是不是自己的哥哥；即使不是，他们也会给那些人一些吃的喝的。她不离不弃的精神让身边的人感动。

随着家庭经济状况的好转，黄惠君开始考虑婆婆的幸福。她耐心地做着婆婆的思想工作。在她的劝说下，婆婆终于打破旧的传统思想观念，和现在的叔叔组建了一个家庭。家里两个弟弟都逐步长大成人，到了结婚的年龄。为了帮助弟弟成家，黄惠君同丈夫搬出去，把房子留给两个弟弟住。1995年大弟在他们的帮助下喜结良缘。大弟的妻子也是残疾人，在日常生活中，黄惠君十分关心他们。2003年，弟媳因病过世之后，留下了一个只有七岁的侄儿。从此之后，黄惠君一直视侄儿为己出。2000年，在黄惠君夫妇的帮助下，小弟冯小玉也有了自己的幸福小家庭。由于黄惠君夫妇的爱，使两个残疾的弟弟都得到了幸福。黄慧君夫妇一直担负着家庭的所有责任。他们觉得，供养父母，照顾弟弟，责无旁贷。

黄慧君是千万个普通农村妇女中的一个，没有华丽的语言，但是她用弱小的身躯、质朴的爱和默默无闻的实际行动给这个残缺的家庭带来了温暖，带来了幸福。

精彩点评

黄慧君走进的是一个非常特殊的家庭：没有父亲，兄弟姊妹三个均为残疾人。她同丈夫一道共同担起这个家的所有重任，让这个家充满了亲情，充满了爱，让家人们都收获了亲情和幸福。

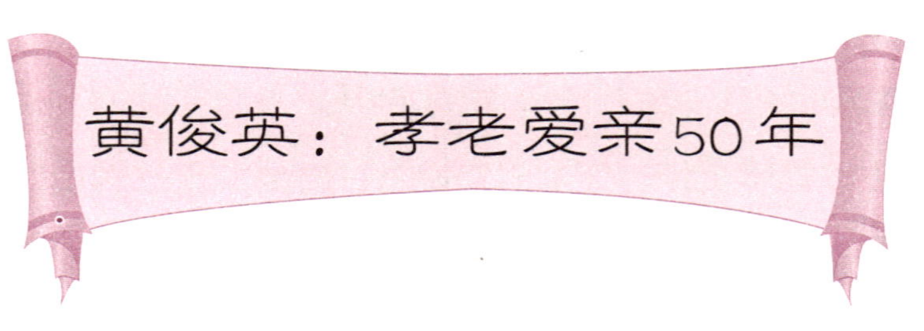

黄俊英：孝老爱亲50年

黄俊英（1941~　），中共党员，首钢退休工人。

黄俊英是一个独生女，但她从18岁结婚的第一天起，就承担起了背婆婆看病、上厕所等重任；24岁起又开始照顾因公致残的丈夫，44年不离不弃；如今年过七旬的她依然在为社区里的空巢老人、残疾人奔波忙碌……

黄俊英的丈夫张金生是一名交警，1965年12月因公负伤，几近植物人。在长达8个月的住院时间里，黄俊英对记忆力丧失、肢体残疾、生活完全不能自理的丈夫耐心照顾，每天为他洗身、喂食，还要拖着疲倦的身体抽时间带婆婆去打针。但黄俊英并没有被这些困难吓倒，她说："我如果倒下了，这个家就完了。"

在随后的数年间，黄俊英一边工作，一边照顾丈夫，最终使张金生恢复了一些记忆，并能进行一些语言交流，达到生活半自理状态。但医生却对她说，张金生瘫痪是早晚的事，你要有心理准备。为了这一天晚些到来，从1999年开始，黄俊英就用三轮车拉着丈夫，早晨去公园锻炼，白天去诊所按摩。后来张金生的病情开始恶化，大小便严重失禁，黄俊英除了请按摩师到家里来按摩，还自学了一些按摩手法，自己给丈夫按摩。

2007年以后，张金生的吃喝完全依赖鼻饲。黄俊英则不顾自身疾病的困扰，每天早上5点钟起床，煮粥、做液体食物，然后给丈夫洗脸、刷牙、按摩、擦拭身体、喂食、喂药……一天到晚要忙上十七八个小时。就这样，黄俊英日复一日、年复一年，无怨无悔地伺候着丈夫，直至2009年张金生去世。

黄俊英不仅把爱心献给了亲人，还献给了邻里和不相识的人。在照顾丈夫期间，她经常骑三轮车拉社区里的空巢老人去打针；发现院内有段路坑坑洼洼，考虑到老人和残疾人出行不便，她就筹集资金把路整修平整。2004年，黄俊英在报纸上看到农村女孩廖粮粮考上清华大学却面临经济困难，便资助了这位大学生。1年后，当廖粮粮来到黄俊英家，了解到她的家庭状况后，再也不忍心让她继续资助。

操劳半生的黄俊英不是铁打的，她不但因病切除了左肝叶，还患有高血压、心脏病，但她却把病痛隐藏起来，用大爱撑起了温馨、快乐、和谐的家，让亲人和邻里看到了生生不息的希望之光。

精彩点评

44年来，黄俊英精心呵护因公致残的丈夫张金生，照顾中风的婆婆和年老体弱的母亲。她始终无怨无悔地照看着亲人，奉献着自己的爱心。

吉克毛尔：红花背带背出婆媳情

吉克毛尔（1966~　），彝族，四川省乐山市峨边彝族自治县新林镇水井村村民。

1984年，18岁的吉克毛尔与汉族小伙张文贵结为夫妻。夫妻俩相敬如宾，老少三代生活其乐融融。从嫁进张家那一天起，吉克毛尔便把婆婆王席章当做自己的亲妈一样，家中大小事都要先和她商量。长期以来，王席章有病在身，而丈夫身体也不太好，家中重活便落在了吉克毛尔身上，但吉克毛尔毫无怨言。随着婆婆年纪越来越大，吉克毛尔对王席章的照顾也越来越周到。婆婆牙不好，吉克毛尔不管是煮饭、做菜，总是煮熟炖烂，让王席章吃得舒服些。每个季节，吉克毛尔都给王席章做套新衣裳，可她自己的衣服再旧也舍不得添置新的。

渐渐地，王席章开始卧床不起，吃饭、穿衣、梳头这些最简单的事都不能自理。丈夫常年在外打工，吉克毛尔家里家外一把抓，用她那柔弱的肩挑起家庭生活的担子。为让王席章早日康复，她专门给婆婆做了营养可口的饭菜，拿到病床前，一小口一小口地喂。也许是情动苍天，经过吉克毛尔的精心照料，王席章的身体慢慢好起来了。由于家庭经济不宽裕，婆婆只能在家里疗养，但每月要按时送医院复查病情。因为婆婆坐车头晕，每次去医院看病，吉克毛尔只能用一条红花背带背着婆婆翻山越岭，跋山涉水，以坚强的毅力行走在虎头山羊肠小道，来回20余千米。这一走就11个年头。俗话说：久病床前无孝子，作为儿媳的吉克毛尔视公婆为亲生父母，给予无微不至的关怀和照顾。与婆婆朝夕相处的25年，没有让老人受过一回气，也没有红过一次脸。2008年春天，婆婆的病情终于有了好转，已能下床走路。

王席章年龄大了，思念远方的亲戚。可是路途远，走，王席章体力不行；乘车，晕得厉害。“赶一回车，就像得一场大病”，为让婆婆走亲戚，吉克毛尔便背着王席章翻山越岭，将王席章背到几十千米外的亲戚家；等王席章想回家时，又将她背回来。

好媳妇吉克毛尔，一条红花背带，背完孩子背婆婆；一条红花背带，是汉彝团结的纽带，更是彝家儿女美德传承的传送带；她背负的不仅仅是孩子和婆婆，她背负的更是心里踏实、坚强攀登的幸福信念。

精彩点评

1984年，彝族姑娘吉克毛尔嫁到水井村。1997年公公因病去世，1999年婆婆突发疾病，从此卧床不起。因婆婆晕车厉害，吉克毛尔便用一条红花背带，背着她走3个多小时的羊肠小道跋山涉水去县城求医。这一背就是10多年，她却从无怨言。

雷华林：亲情与职责的担当

雷华林（1990~　），贵州省松桃苗族自治县普觉镇半坡村村民。

雷华林5岁时母亲病逝，10岁时父亲去世。2002年奶奶也因操劳过度去世，二伯也因无法接受家里的变故出走。未满12岁的他不得不用稚嫩的肩膀挑起一家人生活的重担：照顾80多岁耳聋的爷爷、62岁双目失明的大伯、行动不便的四叔和五叔，还要照看年幼的妹妹。虽然有政府的救济和邻居们的帮助，但一家人的生活过得还是很清苦，全家6口借住在舅舅家的木房里。为了方便照顾四叔、五叔，雷华林同他们合睡一张床。每天早上，雷华林都要帮四叔、五叔穿好衣服，再把他们背下床。做好饭后，他把饭端到爷爷、大伯、四叔和五叔手里，自己最后才开始吃饭。虽然日子过得艰难，雷华林也曾一次次偷偷地流泪，但性格坚强的他还是咬着牙坚持了下来。

多年来，雷华林不仅无微不至地照料几位老人的生活起居，还经常讲故事逗老人们开心。大伯的眼睛虽然已经看不见东西，却又闲不住，总想帮家里做点事情，结果适得其反，家里的东西经常会被他碰倒，早上刚刚收拾好，转眼间又变得一片凌乱。面对这样的情形，雷华林总是默默地重新收拾好，从没有一句怨言。正是因为有了他这根顶梁柱，家里的生活虽然过得艰难清贫但却安然和睦。几个伯伯、叔叔逢人就夸：“侄儿比亲生儿子还亲、还可靠。有这么个好侄儿，我们真有福气！”

除了照顾家中的老人，雷华林对有困难的乡邻也总是给予最大限度的帮助。村里不管谁家有事，只要喊一声，他总会伸出援助之手。有一天，雷华林路过邻居家门口，看见邻居家的老人躺在床上已奄奄一息。雷华林于是及时通知家属把老人送到医院抢救。

人的一生也许会遇上很多这样或那样的不幸，但与雷华林比起来我们都要幸运许多。从12岁起，他就承担起照顾四个残疾长辈和一个8岁的妹妹的重任，以自己稚嫩的肩膀撑起了一片爱的蓝天，在平凡的家庭生活中做出了不平凡的感人事迹。

精彩点评

艰苦生活的磨砺，雷华林已经变成了一个风华正茂、敢于顶起一片天的男子汉。在叔叔、伯伯眼中，他是通情达理、孝敬老人的好侄儿；在妹妹眼中，他是能干体贴的好哥哥；在邻居眼中，他是心地善良、乐于助人的好心人。

雷华宗：带着公公去改嫁

雷华宗（1952～　），四川省巴中市巴州区东城街道办事处大东社区居民。

出身贫苦的雷华宗，1976年和巴城街道的刘俊文结婚，一年后生下一个男孩。可祸从天降，在孩子出世4个月后，丈夫因患急性肾炎不幸去世。为了养活70多岁的公公和嗷嗷待哺的孩子，雷华宗只好到罐头厂当临时工。她白天背着孩子上班，晚上回家照顾公公。

1979年，经人介绍，雷华宗认识了大她15岁且有3个孩子的马洪宽。婚前，她给马家提了一个特别的条件：要嫁就必须带着公公一起嫁。得到马洪宽同意后，雷华宗带着70多岁的公公、两岁的孩子，与马家的婆婆、丈夫和3个孩子，组成了一个新的家庭。顶烈日、冒严寒，他们艰难地维持着一家人的生活。

眼看苦日子就要熬到头了，马洪宽的大嫂、大哥却相继因病去世，身后留下3个无人照顾的孩子。勤劳善良的雷华宗和丈夫主动把3个孩子领养过来，组成了一个11口人的大家庭。雷华宗承受着更大的生活压力，将7个孩子一一抚养成人，如今他们都有了自己的事业和家庭。

随着时间的推移，家里两位老人逐渐年迈多病。雷华宗照顾卧病在床的公公达14年之久，直到老人以80多岁的高龄安然去世。2002年，丈夫马洪宽患脑血栓导致右腿残疾。不久，婆婆张义英在起夜时摔断了右腿，导致骨盆破碎，大小便都不能自理。面对家里两个病人，雷华宗做得更多了。在她的精心照料下，丈夫得到了很好的恢复。九十多岁高龄的婆婆卧床多年，但从没长过一点褥疮，除了行动不便外，思维敏捷、口齿清楚。

30多年来，雷华宗付出巨大的爱心和辛劳，照顾家里两位高龄多病的老人和伤残的丈夫，先后把7个孩子抚养成人、成家立业，在巴蜀大地书写了孝老爱亲的赞歌。

精彩点评

她，是一名普通的中年妇女。她曾顶着世人的闲言碎语，带着公公改嫁；她悉心照料公婆，含辛茹苦地抚养3个继子；丈夫的哥嫂去世，她又毅然挑起抚育3个侄子的重任……30多年来，她付出了巨大的爱心和辛劳，孝老和爱亲，她都做到了，她的名字叫雷华宗。

黎玉兰：
七旬老妇撑起三代男人的世界

黎玉兰，重庆市云阳县路阳镇金龙村村民。

1959年，黎玉兰与丈夫黄作忠结婚，夫妻感情和睦、相敬如宾，并先后养育了四个儿女。小儿子长大后投身餐饮行业，婚后又生下一个孙子。1994年，厄运不断地降临到黎玉兰家男人们的身上：丈夫、儿子相继瘫痪，儿媳也离婚而去。黎玉兰的生活顿时陷入了一片阴暗之中，家庭的重担全部压在了她的肩上，但她坚强地承担起了照顾丈夫和儿子的责任。不久，怪病也击倒了可爱的小孙子。黎玉兰带着丈夫、儿子和孙子四处寻医问药，但依然没能获得一点希望。经多次诊断，他们患上了罕见的遗传性共济失调症。该病患病率十万分之一，且病因不明，现代医学尚无法治愈。

每天，黎玉兰起床后先用热毛巾给丈夫擦脸，再给儿子和孙子打理。之后，是给他们轮流喂饭……日复一日，年复一年，黎玉兰任劳任怨地照顾着家里丈夫、儿子、孙子三人的饮食起居，坚忍不拔，用一份炽热的爱支撑着这个特殊家庭。

听说偏方能治好怪病，她时常进山采药，不放弃一丝希望。时常天不亮就煮好饭，然后将丈夫、儿子、孙子三人托付给邻居，自己便独自出门上山，往往一去就是一整天。20多年来，黎玉兰走过了十里八乡，遍访名医，收集了不少治疗疑难杂症的偏方。

她是一个执着的妻子，她是一个慈爱的母亲，她是一个可怜的奶奶，她是一个坚忍的女人。“努力让家里的男人都站起来！”这个朴实却执着的希望，支撑着黎玉兰一直陪伴丈夫、儿子和孙子，与病魔做不屈的抗争！

精彩点评

“只要自己活一天，就要为照顾丈夫、儿子和孙子尽一天责。”20多年来，黎玉兰饱受丈夫、儿子、孙子相继瘫痪的不幸，但这位身体病弱的农村妇女，却选择了坚强，撑起了一片母爱与亲情的蓝天。

李传梅：有爱就会有阳光

李传梅（1970~ ），籍贯重庆，深圳市展华实验学校职工。

1992年，李传梅与邻村的小伙子向家培结婚。丈夫家是全镇出名的特困家庭，母亲聋哑瘫痪、双目失明，父亲体弱多病且无劳动能力，家里还有一个80岁的奶奶。李传梅与丈夫共同挑起了家庭生活的重担。

李传梅向娘家借钱买来了十几只小鸡和两只小猪，每天天不亮就上山割猪草，然后回家照顾三位老人洗漱吃饭，再喂鸡喂猪，之后去田里忙农活。晚上家人都睡觉了，她还要洗衣、缝衫，常常每天只睡五六个小时。日子虽然过得忙碌又辛苦，但一家人和和睦睦。

婚后不久，一直体弱多病的公公患上了食道癌。为了挽救老人的生命，李传梅拖着怀孕的身体，到处向亲戚朋友借钱，为公公求医。产后的第五天，李传梅便下厨煲汤熬药，为老人擦身捶背，细心照顾，直到老人安然离世。之后，她又想方设法安慰悲痛中的婆婆和太婆婆。

公公去世后，为了改善生活，她主动提出让丈夫外出打工，自己一个人挑起照顾两位老人、孩子和耕作农田的全部担子。在她的精心照料下，太婆婆一直活到84岁。2004年，李传梅决定去深圳打工。

她将不满10岁的女儿托给了亲戚照顾，自己则背着聋哑失明又瘫痪的婆婆来到深圳。她在龙岗区一家小粮油店找到了工作，每天天不亮就起床给丈夫做早餐，给婆婆穿衣梳洗，喂她吃早饭，然后再赶去上班。中午，她又要急急忙忙赶回出租屋，喂老人吃饭后再去上班。晚上回家，她还要为老人端屎端尿，擦洗身子。

2006年底，因为生活费用较高等原因，李传梅告别丈夫，背着婆婆离开深圳，回到重庆老家。2007年，深圳市展华实验学校得知她的事迹后，主动安排她在学校工作。李传梅又背着婆婆重新来到深圳，到展华实验学校后勤绿化组工作。现在，她依然每天天不亮就起床，安顿好老人，然后去工作，并趁工作的间隙回去看望老人，背着老人去上厕所或者晒太阳。

在李传梅心里，一个人若真心爱自己的丈夫，就会真心爱他的家人，无论他们是贫穷，或是伤残，都应该始终如一。她胸中有了大爱，也一样会无私地爱着需要她帮助的人。而这种大爱，正是建设和谐社会不可或缺的人格品质。

精彩点评

孟子曰："老吾老，以及人之老，幼吾幼，以及人之幼，天下可运于掌。"怀着一颗赤诚的爱人之心，15年含辛茹苦，无怨无悔。她爱得深沉，爱得博大。

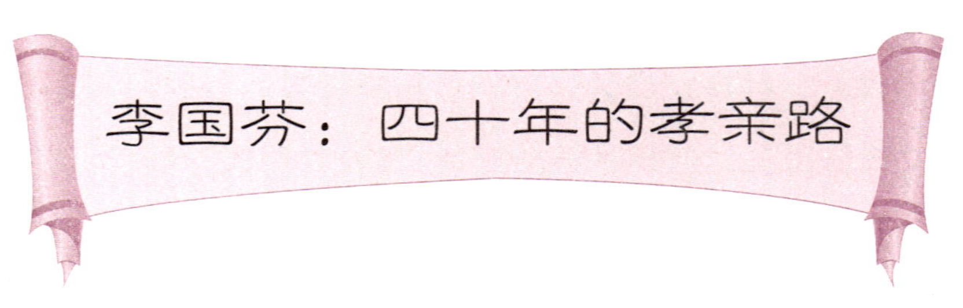

李国芬：四十年的孝亲路

李国芬，内蒙古自治区赤峰市巴林左旗十三敖包镇丰水山村村民。

李国芬12岁那年，母亲突然得了严重的胃病和肝硬化，不久又得了腰椎结核，最终全身瘫痪。为了照顾重病卧床的母亲，李国芬离开了学校，开始伺候母亲、操持家务，从此再也没有离开过山村一步。

1978年，不幸再次降临到这个贫困的家庭。那年冬天，父亲因胃癌离开了人世。那时候姐姐已成家，弟弟也已结婚成家，家里只有妈妈和国芬生活在一起。疾病、不幸、磨难，再一次将母亲击倒，造成大面积脑出血，彻底失去了语言和大小便功能。不久，弟弟也因病去世。面对一次又一次的打击，李国芬哭干了眼泪，哭哑了嗓子。但她心里一个坚定的信念没有变：只要我活着，再苦、再累、再难，也要让妈妈好好地活下去！

李国芬把母亲照顾得无微不至。为了让长期卧床的妈妈不得褥疮，白天每两小时为妈妈翻一次身，夜间最少也要为妈妈翻三次身，每周要用热水给老人擦洗两次身体，衣服每天换洗一次。有时，妈妈把大便弄得满身都是，李国芬总是精心为妈妈清洗后换上干净的衣服，然后再把屋子收拾干净。

在婚姻问题上，李国芬坚持“结婚后要照顾老妈一辈子”。很久没有人愿意屈就于她的婚嫁条件，所以，李国芬到了27岁才成家。

李国芬自12岁开始照料身患重病的母亲，整整40年，直到老人去世。一个被医生预言最多只能活两三年的重症病人，不仅在女儿的精心照料下顽强地生活了40年，而且没有得过一个褥疮。

李国芬用自己对亲人无微不至的爱，报答了父母的养育之恩，用爱创造了人间的奇迹。

精彩点评

为了让被医生预言只能活两三年的瘫痪母亲活下去，从12岁起，整整40个春秋，她付出了全部青春和心血，创造了爱的奇迹。

李国琴：一个孝女四个娘

李国琴（1959~　），河北省邯郸市肥乡县南街村村民。

1992年，李国琴嫁给中年丧妻、家境贫寒并带有两个孩子的晁薛宾。晁薛宾从小随母亲改嫁到郝庄，生父在肥乡南街村重组了家庭。李国琴用她的爱心、细心、孝心与丈夫一起支撑起了这个复杂的家。为补贴家用，李国琴摆过地摊，当过小贩，后来在亲朋好友的帮助下开了一家杂粮店。平时她省吃俭用，细心照顾家里的每一个人。

一年夏天，婆婆背生毒疮，当时丈夫不在家，李国琴就蹬着三轮拉着婆婆去看病，往返需要近6个小时。婆婆因为毒疮不能走路，国琴就背着她在医院楼上楼下检查。一连去了几次，婆婆的毒疮明显好转了。她逢人便说自己有这样的好媳妇，有福气。

李国琴对丈夫前妻的母亲（续母）就像对亲生母亲一样。1994年冬天，续母被烧伤，她不离床地照顾老人，直到老人伤势痊愈。2004年老人去世前拉着李国琴的手说："你就像俺亲闺女，我最不放心的外甥子和外甥女，如今有你做他们娘，我也就安心了。"

丈夫的生父，几年前在县城南街村过世了，留下继母和四个弟弟妹妹艰难度日，李国琴总是隔三岔五带着米、面、油去看望。老人生病，李国琴马上东挪西凑了1万元钱，为老人抓药、打针，继婆婆含着眼泪说："我没有养过薛宾一天，媳妇国琴却这样孝敬，我愧不敢当啊！"

对待亲生母亲，性情温顺的李国琴从小便懂得孝敬，总是把好吃的留给母亲，家务活也总是抢着干，母亲病了，就端屎倒尿地在床前伺候。2002年春母亲病危，多亏了李国琴寻医问药、精心照料，老人才转危为安。

十几年里，李国琴精心奉养着婆婆、继婆婆、续母、母亲，她在四位老人家间来回穿梭奔波操劳，几位老人在她的联系下都成了贴心的好姐妹。她以无私的大爱，超越血脉相连，超越血肉亲情；她用人间至亲至爱温暖着一个社会般复杂的家庭；她的爱如优美的琴音，滋润着每一个人的心灵；她的爱朴实无华，博大无边，如雪落黄河静无声……孝道，是我们国家道德的根基。李国琴用她的行动、她的爱心给它诠释到了极致。

精彩点评

自古百行孝为先。家庭之中，妇女的责任和作用更为巨大，西谚云：一个好女人是一所学校。她就是李国琴，人送绰号"万宝全"。

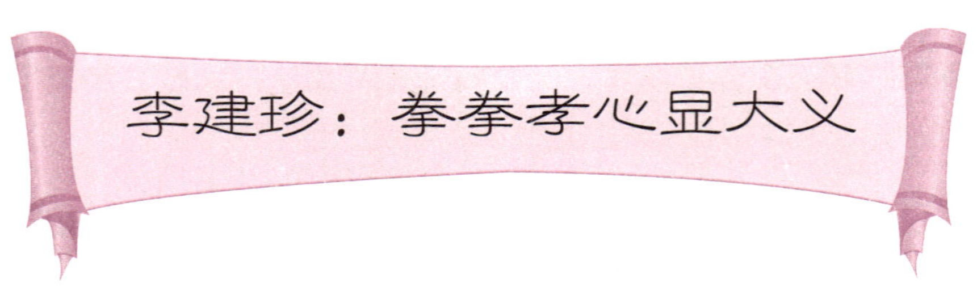

李建珍：拳拳孝心显大义

李建珍（1967~ ），中共党员，南宁铁路局柳州机车车辆厂转向架车间车工。

自1991年结婚以来，李建珍就生活在一个特殊的大家庭里：李建珍丈夫的亲生父亲因公殉职，婆婆再婚组成了新家，婆婆有两个儿子，现在的公公有两个女儿，婆婆的老母亲也跟他们生活在一起。李建珍夫妇有了女儿后，组成了“四代同堂”一大家子。

李建珍的婆婆六十多岁，体质很差，患有眩晕症。为了给婆婆调理和滋补身体，即便前几年家里经济条件并不宽裕，她也常常给婆婆买药和营养品。怕老人累着，李建珍就在辛苦上班之余，承担下了所有家务。逢年过节或是婆婆生日，她也总不忘备一份礼物，表达一份孝心，传递一份温情。只要有空，李建珍就陪婆婆聊天拉家常。老人常对邻居说，只要跟儿媳唠上两句，再大的烦恼都没有

黄孝邦／新华

了。李建珍还自告奋勇地帮助婆婆照顾患有轻微老年痴呆症、大小便失禁的太婆婆。

1997年，李建珍的公公突患中风住院，生活完全不能自理。公公的两个女儿不在身边，李建珍就主动承担起照顾公公的责任。为了方便白天照顾老人，她与同事调班，常年上夜班。李建珍每天早上七点就准时赶到医院，守护公公输液，给公公喂水喂饭、擦身按摩、倒屎倒尿。旁人都以为她是公公的亲生女儿。2008年春节前后，南方地区遭受罕见的雨雪冰冻灾害，李建珍担心公公穿得不够暖和，就陪公公去买了加厚内衣。公公的大女儿知道后感动地说："我做女儿都没想到的，倒是建珍想到了。"

李建珍的丈夫是工程施工管理员，平时工作很忙，常跑工地，休息日也要到工地查看，家务事就全落到李建珍一个人身上。虽然李建珍工作也很累，但她毫无怨言，始终尽力做好家务，照顾好老人和孩子。在她的全力支持下，丈夫工作表现突出，年年被公司评为先进工作者。

李建珍非常注重对孩子的言传身教。在她的影响下，女儿养成了良好的道德品质和行为习惯，学习成绩优异，每年都被评为"三好学生"。

二十几年如一日，李建珍用真心、真情、真爱维系四代三个家庭，于平凡中演绎着人间大爱。

精彩点评

作为一名普通女工，李建珍二十几年如一日，用真情大爱经营一个特别的大家庭，以拳拳孝心感动了中国。

李金花：山乡农妇的大爱情怀

李金花（1959~　），福建省泰宁县梅口乡村民。

1993年，担任村主任的丈夫肖生木因公出车祸，导致脊椎骨的第五节被压碎，医生断定肖生木不可能站起来了。为了让丈夫能重新站起来，她带上借来的钱，背上丈夫四处求医问药，福州、永泰、顺昌、邵武，医院、私人诊所、寺庙到处都留下她的足迹。仅两年多就花了5万多元，欠下了4万元的债务。家中再也拿不出钱来，亲朋好友该借的都借了，乡亲们能帮的也都帮了，可昂贵的治疗费是个无底洞，她再也想不出其他办法，只好背着丈夫回家了。

家里的顶梁柱倒了，李金花忍着悲痛，毅然肩负起整个家庭的重担。上还有多病的公婆，四个子女，最大的才12岁，最小的女儿刚满周岁，是一个弃婴，这样一个8口之家，生活的艰难可想而知。但是，“为了这个家，为了孩子，我无论如何也要挺住”，这是李金花暗自许下的诺言。她硬是在生活的重压下，变得坚强起来。为了生活，李金花干起了男人干的重活，耕田种地、砍柴做工，起早贪黑，累得腰酸背痛，但她从无怨言。

为照顾丈夫，李金花没睡过一个安稳觉，每隔一两个小时就得帮着翻身，而且动作还需要非常小心、协调，以防接好的脊椎骨断裂。白天可以计算时间给丈夫翻身，可晚上则是最难熬的，劳累了一天的她，睡意正浓时，丈夫发出的一点声响，就会把她惊醒，翻身、倒屎、倒尿，日复一日，年复一年。在她的悉心照料下，肖生木瘫痪后身上从未长过褥疮。三年后，肖生木萎缩的下身渐渐有了知觉；八年后，肖生木终于可以艰难地站立起来。

李金花虽没什么文化，但不忘教育子女学习。懂事的长女几次想辍学帮助家里，但李金花就是不肯，硬要她把初中学完。两个儿子体会到母亲的良苦用心，学习刻苦努力。大儿子肖昭辉2000年考上长春水利水电学校，成为村里的第一名大学生。二儿子肖昭华遵循母亲的教导，入伍参军，在部队发奋努力，考上了某炮兵指挥学院，也成了一名大学生。

20多年的坚守，平凡之中见真情。李金花，用凡人孝举，诠释爱的真谛；用平凡言行，彰显人间大爱；用追求美好生活的家庭梦，弘扬中华五千年的传统美德，传递构建和谐社会的正能量。

精彩点评

她20多年如一日，用柔弱的双肩挑起家庭重担，悉心照料半身瘫痪的丈夫，抚育4个不谙世事的子女长大成人，她的母爱和美德在广大群众中广为传颂。

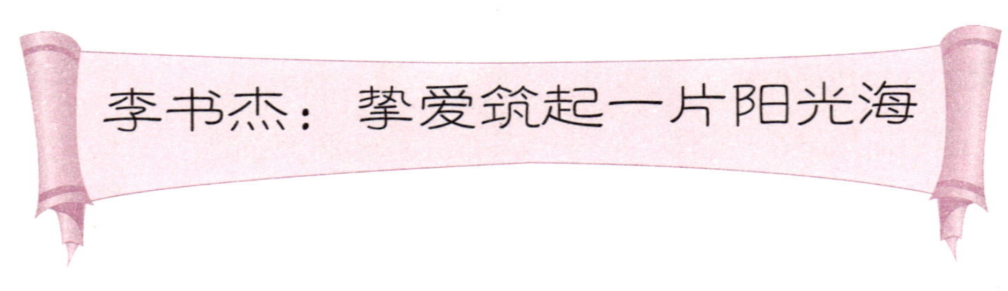

李书杰：挚爱筑起一片阳光海

李书杰（1974~　），海司通信部通信处正营职参谋，硕士研究生，中共党员。

2000年6月，李书杰与王华相识相恋不久，一场突如其来的车祸使王华双手严重致残，生活不能自理。面对这一切，李书杰主动承担起照顾王华的重任，端水送饭、寻医问药、心理疏导。转眼三年过去了，在他无微不至的真爱温暖下，王华终于重新拾起了生活的勇气。当周围人都觉得李书杰可以重新考虑自己生活的时候，2003年8月，他却不顾家人朋友甚至是王华本人的反对，毅然决定娶王华为妻，照顾她一辈子。

2003年9月，李书杰考取了西安电子科技大学研究生，他带着妻子一起来到了西安，边上学边照顾她。2007年2月，李书杰调到海军司令部通信部工作，经常需要加班加点。尽管非常劳累，但他坚持每天乘坐2个小时公交车赶回家照顾妻子，常常后半夜才能睡觉。自结婚以来，李书杰不仅承担了全部家务，而且对妻子照顾得非常细心周到。王华每次感冒发烧都要从脚上输液，上厕所很不方便，他就手举输液瓶背着妻子往返于厕所和病床之间。双手残疾的妻子性情敏感脆弱，容易发脾气，他不但没有丝毫怨言，反而更加细心地呵护妻子，从没跟妻子红过一次脸。

李书杰不仅是个好丈夫，也是一个好儿子、好女婿。他出生在农民家庭，从小懂得父母靠种地供自己和弟弟上学的艰辛，上军校时就坚持把省下的津贴寄回家里，工作后每次探亲回家都抢着帮父母干农活。母亲患有严重的胃溃疡，他就带着母亲去城里做检查，经常在北京买药寄回去，打电话叮嘱母亲按时吃药，被村里人称为大孝子。2005年岳父得了脑血栓，不久岳母又患急性败血症住院。他每天都为老人擦洗身体、清洗衣物，长时间卧床的岳母从未生过褥疮。谈起女婿，岳父母既心疼又感激:“能有这样的好女婿是我们几世修来的福分，为了书杰我们也要好好地活下去。”

多年来，李书杰从未因家庭困难而影响工作，先后参与完成多次重大军事演习以及奥运安保、抗震救灾、编队出访等通信保障任务。他主动申请参加赴索马里、亚丁湾海域首批护航编队，精心组织通信保障，创造了多项远洋通信纪录，受到编队首长和同志们的高度赞誉。

李书杰就这样用自己的行动实践着中华民族孝老爱亲的优良传统，用自己的真情付出诠释着爱的真谛和家的和谐。

精彩点评

生活中，他是一个好丈夫、好儿子、好女婿；工作中，他是一名爱岗敬业、任劳任怨的优秀军人。

李秀英：为爱坚守27年的女人

李秀英（1966~　），河北省张家口市怀安县柴沟堡镇人。

1981年3月，在怀安县预制厂工作的陈永财，工作期间从吊装的空心楼板上意外摔下致重伤，由于颅脑损伤严重，造成了下肢瘫痪，生活从此不能自理。那年，陈永财18岁。1985年经人介绍，陈永财认识了小他3岁的姑娘李秀英，从此生活发生了改变。1986年元月，俩人走进了婚姻的殿堂。1986年年底，女儿红红的降生给李秀英和丈夫陈永财带来了欢乐，但李秀英感觉家庭担子更重了。李秀英一边带孩子，一边侍候陈永财，还要做家里家外的活，恨不得把自己分成两半，有时照顾丈夫，孩子掉地下了；有时哄孩子，丈夫摔倒了。当把孩子从地下抱起，看到孩子脸上碰得青一块儿紫一块儿，哭得哄不住时，李秀英心里像刀割一样，眼泪止不住往下流。而当扶起摔倒在地的丈夫，问他“疼吗”时，丈夫却坚强地说“不疼、不疼”。

丈夫所在企业受市场经济的冲击，经营每况愈下，进入倒闭状态。发给家里的一点生活补给，也只是到了中秋节、春节象征性地给一点，根本无法支撑开销。为了生计，李秀英一面推着丈夫在街头活动，一面叫卖着冰糕、烧饼。安顿好丈夫后，又摆起地摊，尽管收入十分微薄，十分辛苦，但她乐观面对着、坚持着，用自己瘦弱的身体承载着生活希望。

世事无常，1992年，56岁的婆婆不幸患上乳腺癌并转成肺癌。李秀英的工作又多了一项，那便是伺候婆婆。悉心照顾半年后，婆婆离开了人世。她去世时拉着丈夫的手说：“秀英是咱家最可信赖和依靠的人，她是天底下少有的好儿媳呀！”

随着时光的流逝，年逾古稀的李秀英父母亲因风湿病、肠胃疾等多种疾病的困扰，也时常需要照顾。为了两不耽误，李秀英把父母亲接到了柴沟堡，一个人担起了两个家庭的重担。尽管很累，可她依然是那么义无反顾，依然是那么坚强乐观。常挂在她嘴边的一句话是：“照顾丈夫，是我的职责；侍奉父母，是我的义务。”

孝子之至，莫大乎尊亲。李秀英直面人生，直面挑战，内心是坚毅的、乐观的，外在是阳光的、自信的。她始终用美丽的人性诠释着人间的大爱情怀，正如她亲自作词的歌曲《为爱坚守的女人》中所写的那样——不在乎别人怎么说，不在乎身体有残缺，不需要太多的承诺，粗茶淡饭也欢乐……

精彩点评

她用一颗善良的心，一片真挚的情，一份美丽的爱，坚贞不屈地书写着一位善良女性的不变情怀。用自己的无悔、坚强和乐观，承载起一个家庭的希望和温馨，托起一片希望和大爱的天空，只为一句简单的承诺，便成为一生的笃守。

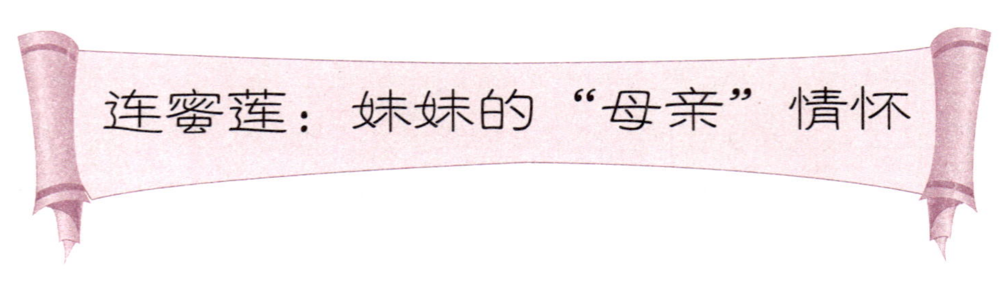

连蜜莲：妹妹的“母亲”情怀

连蜜莲（1974~　），山西省晋城市阳城县润城镇刘善村村民。

连蜜莲一家6口人，母亲和3个哥哥都是智障人。懂事的蜜莲很小就知道帮父亲洗碗、择菜等。她像个大人一样白天帮父亲料理家务，照顾着母亲和3个哥哥的衣食起居，晚上还不忘给父亲烧洗脚水，为父亲捶腿捶背。

连蜜莲21岁时就结婚了。新婚刚过，父亲病情恶化，离开了人世。临终前，父亲劝她放弃照顾哥哥们。蜜莲伏在父亲身上撕心裂肺地哭着说：“爸，他们是我的亲哥哥啊！你放心吧，只要有我一口饭吃，他们就绝不会挨饿，无论多苦多难，我都会尽全力照顾好他们！”

父亲去世后的几年里，蜜莲一家日子过得更加艰难。3个哥哥饭量很大，每人每顿要吃3大碗。3亩薄田打下的粮食根本不够全家6口人吃。为了添补口粮，蜜莲到地里挖野菜，甚至把别人扔掉的白菜帮也捡回来，腌成咸菜吃。丈夫则没日没夜地在外干活，到村里的小铁厂烧锅炉、到建筑工地筛沙担泥、到搬运队当装卸工。只要能挣到钱，再苦再累的活，他都做。

3个哥哥除了吃，什么都不懂，经常是早晨刚刚换上干净衣服，中午回来就是满身脏兮兮的泥土，有时还会因为不小心弄得鼻子、脸上全是血。每次蜜莲都像母亲一样耐心地给哥哥擦洗干净。多年来，蜜莲与哥哥们一直都是吃一锅饭，饭做熟了总是先叫哥哥们吃。哥哥们不知饥饱，没有人看着就会一直吃，蜜莲怕他们吃坏了肠胃，只好一日三餐照看着。蜜莲说她不怕日子过得苦，就怕哥哥们在外面受欺负，因此她常常不离哥哥们左右。每天晚上都是先把3个哥哥安顿好，她才能拖着疲惫的身子入睡。

20多年来，连蜜莲就是这样用羸弱的身躯支撑着这个不幸的家庭，用人间的大爱，诠释着生活的真谛；用无悔的责任，显示着超越平凡的勇气。

精彩点评

她，是一个妹妹，上有3个哥哥。她，更像是一位“母亲”，20多年如一日照顾3个智障哥哥。20多年来，她过着人们难以想象的生活，她用善良、勇敢、坚忍、大爱，书写了一幅感人肺腑的爱心画卷。她没有惊天动地的事迹，也没有豪言壮语，但她却有着朴素、博大的爱心情怀。

廖成菊：孝子故里有传人

廖成菊(1956~　)，四川省德阳市旌阳区孝泉镇村民。

1980年，廖成菊与袁天云组建了家庭。丈夫袁天云身世坎坷，7岁时父亲去世，不久母亲改嫁，他只得与年近八旬、体弱多病的奶奶和半身瘫痪、生活不能自理的幺爸袁正友相依为命。袁天云家庭贫困、生活拮据，包产到户前，几乎年年都欠集体的钱。结婚第二天，家里就无米下锅。为了维持生计，袁天云在外拼命挣钱，常常一个人干几个人的活儿。廖成菊体谅丈夫的不易，一个人扛起了家里所有的担子：除了在生产队挣工分外，还要料理家务，照顾体弱多病的奶奶，特别是照顾没有自理能力的幺爸。

后来，奶奶去世。为了能干好农活、照顾幺爸两不耽误，廖成菊每天去生产队劳动前，都会将幺爸需要的东西放在他身边，便于他轻松拿到。劳动完回家后，廖成菊做的第一件事就是帮幺爸换脏衣服，倒掉幺爸拉的屎尿，然后烧热水给幺爸擦洗身子。忙完这些，她还得一边照看年幼的儿子，一边给家里养的鸡鸭喂食。由于长期卧病在床，再加上年事已高，袁正友的神经全面瘫痪了，廖成菊的任务更重了。很多老邻居为廖成菊感到担心，可是廖成菊却总是笑呵呵。面对困难，她总是这么乐观。因为在她心中，没有什么是比家人的幸福快乐更重要的了。只要幺爸还有一口气在，她都会尽全力让他过得安逸、舒服。廖成菊的两个儿子从小耳濡目染母亲对待二爷爷袁正友的孝心、孝行，潜移默化地也养成了尊老、爱老的良好美德，兄弟二人都非常孝顺。看着自己的儿子一天天长大，一天比一天更加懂得如何去照顾老人，廖成菊感到无比欣慰。

春去秋来，几易寒暑，廖成菊任劳任怨地服侍瘫痪在床的、跟自己毫无血缘关系的幺爸已经三十几个年头了，她用自己的行动彻底地否定了“久病床前无孝子”这句话。一个先天瘫痪的人居然活到了古稀之年，正是孝心谱写的人间神话！

精彩点评

百善孝为先！在“二十四孝”之一东汉大孝子姜诗故里的孝泉镇，德孝文化更是源远流长。在那里土生土长的人们很好地传承了祖辈们留下来的美好品德：淳朴善良、相亲相爱，对家里的长辈关爱有加。老百姓们用他们最朴实的行动，绘成了孝泉镇孝老爱亲的感人图画。而普通妇女廖成菊三十几年如一日照顾丈夫幺爸的故事，当属这幅画中最为震撼人心的那抹色彩！

林兴聪：带着对逝去爱人的爱重组家庭

林兴聪（1962~ ），四川省绵阳市安县高川乡甘沟村村民委员会文书。

2008年5月12日，地震夺走了林兴聪相濡以沫22年的妻子，留下两个年幼的孩子和岳父、岳母。地震也夺走了村民李荣香老实忠厚的丈夫，留下了李荣香的父母和婆婆，还有一个15岁的孩子。

林兴聪说，震后那段日子，他只能用不停地工作来麻痹自己，好让自己不想妻子。但已经被妻子照顾惯了，没人洗衣服，没有可口的饭菜，两个孩子哭着想妈妈的时候，林兴聪还是感觉自己快不行了，几度对生活失去了信心。无尽的悲痛让他有了重组家庭的想法，他说如果妻子地下有知，也会不忍心看他这么痛苦地生活下去。这时李芸香进入了他的视线。经过

何俊昌／新华

几个月的接触，林兴聪决定向李芸香求婚。李芸香同意了他的求婚，但要求他必须带着自己的婆婆还有15岁的儿子一起生活。现在他跟李芸香的儿子特别投脾气，儿子有什么事都不告诉李芸香，而是直接跟他这个新爸爸商量。他们又向老人询问意见。林兴聪的爸妈、他亡妻的爸妈、李芸香的婆婆都表示同意。于是，他俩决定带着这5位老人一起生活。

成立了新的家庭后，林兴聪非常珍惜这来之不易的缘分，他对5位老人都和亲爹亲妈一个标准，对子女也是一视同仁，对妻子李芸香更是呵护有加。他和李芸香有个约定，就是彼此可以将逝去爱人的照片放在身边。

林兴聪常常自称是山里人，而在这个小个子山里汉子身上，却有着山一样宽广的胸膛，山一样担当的肩膀。他带着对逝去亲人的爱开始了新的生活，谱写了灾区人民的坚强事迹。

精彩点评

这是绵阳几千个灾后重组家庭中普通的一个。“5·12”特大地震中，他和她都失去了曾经相濡以沫的爱人。为着对家人的爱，为着对未来生活的美好憧憬，他们走到了一起，共同挑起生活的重担。

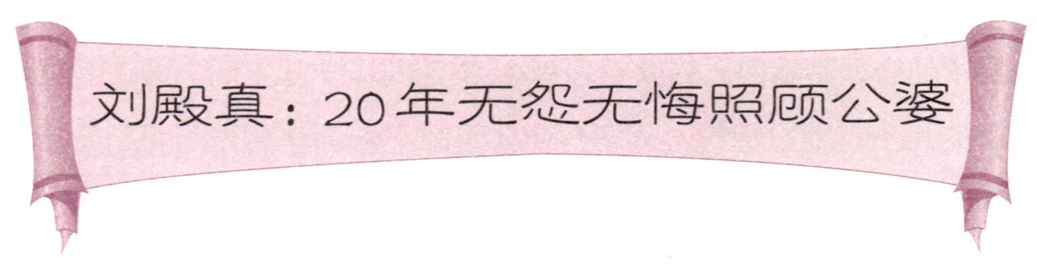

刘殿真：20年无怨无悔照顾公婆

刘殿真（1964～　），淮北矿业集团杨庄矿社区中心职工。

1986年，刘殿真和爱人结了婚。一年以后，宝贝儿子出生了，她的家里充满了温馨和快乐。可是天有不测风云，因患冠心病、糖尿病等多种疾病的婆婆突然双目失明，从此失去了生活自理能力。作为孙家唯一的儿媳，她别无选择，义无反顾地和爱人一起承担起照顾孩子和老人的重任。婆婆有早起的习惯，她每天第一件事就是为婆婆端屎端尿，然后帮助婆婆穿衣服、洗脸、喂药。忙完又上街买菜、做饭、喂孩子、喂婆婆……晚上又要为婆婆和孩子洗澡、擦身，安顿他们休息。一天下来，常常累得筋疲力尽。婆婆双目失明后，脾气变得异常暴躁，经常冲着别人发脾气。刘殿真从不计较，坚持照顾好婆婆。

2001年，刘殿真的公公又不慎摔倒，小脑严重受损导致瘫痪，从此也失去了生活自理能力，而且大小便失禁，经常尿湿衣被。一个双目失明的婆婆就已让她心力交瘁，再加上一个瘫痪在床的公公又需要人照顾，真可谓雪上加霜。面对这一切，刘殿真没有畏缩与逃避，而是勇敢地承担下来。为了更好地照顾好公婆，她顾不了做儿媳的不便与羞涩，在公婆的房间里铺上了一张折叠床，每天晚上就睡在公婆的房间里，不仅要侍候婆婆大小便，擦洗身体，还要顶着刺鼻的恶臭细心地为公公擦洗身体并及时换上干净的衣服与被褥。有时公公一夜要有几次大小便，常常是刚刚清理完毕，马上又要重复进行，但她不厌其烦；有时公公便秘，看到他老人家那痛苦的样子，她便不顾一切地用手为他抠取大便。在她精心照顾20年之后，婆婆还是在2005年冬天去世了。临终前老人拉着她的手说："孩子，我能活到76岁，其中有20年是你给的，有你这样的媳妇，你爸以后的生活我也放心了。"婆婆走了，她看到公公躺在床上就像个孤独可怜的孩子，便下定决心，集中所有精力，好好照顾公公。公公在她精心照顾7年后，安详地走了。

人们常说："床前百日无孝子。"然而刘殿真二十多年如一日地照顾公婆，从未抱怨过。刘殿真悉心照顾公婆的事迹常常被周围的人念叨，她的孝心像一缕灿烂的阳光，温暖着孩子，感动着爱人，照亮着身边的人。

精彩点评

20多年来，她坚持以孝字为先，尽心尽力孝敬老人、服侍老人、尊重老人、爱戴老人，家庭生活一直幸福美满。

刘琼：用爱传递道德的力量

刘琼（1965~　），中共党员，安徽省霍山县诸佛庵镇桃源河村村民。

1989年，新婚不到8个月，丈夫徐自武因意外从高处摔下来，造成高位截瘫，颈椎以下全部失去知觉。当时怀孕3个月的刘琼毅然选择生下孩子，一边养育女儿，一边照顾瘫痪的丈夫。1993年，厄运再次降临，徐自武的父亲被查出患了肺癌。刘琼对外春种秋收、耕田犁耙，对内柴米油盐、洗刷缝补，就像一只不停旋转的陀螺，从黎明忙到深夜，又从屋外忙到屋内，无微不至地照顾两位重症病人和年幼的女儿。

看着刘琼一个弱女子独立支撑这样一个家，对全身瘫痪的丈夫不离不弃，比刘琼小7岁的符茂国深深地感动了。一有机会，他就主动去帮助刘琼，特别是农忙时节，他总会及时出现在刘琼的面前。刘琼也真真切切地感受到符茂国的情义。但是，全身瘫痪的徐自武、肺癌晚期的公公和年幼的女儿，她一个也放不下。刘琼提出结婚的唯一条件就是和她一起照料前夫和这个特殊的家。符茂国知道刘琼不可能抛下风雨飘摇的家。2004年5月，他不顾家人的反对，不惧别人的偏见，毅然地来到了刘琼的家里。

再婚以后，刘琼还是一如既往地照顾着徐自武。像徐自武这种全身瘫痪的病人，只要稍微不注意，就很容易感染各种疾病，而在刘琼的精心照料下，徐自武在床上躺了21年，不仅从没生过褥疮，而且几次在生命出现危险的时候又把他抢救回来。2010年10月4日，因多项功能衰竭，徐自武安静地离开了。他生前谈起刘琼和符茂国，总是说："这么多年，要不是刘琼和符茂国，我徐自武早就不在了，是他们俩让我的生命得以延续。"

"重情重义重品行，道德贵似金，人生道路上有德才能行。"刘琼与丈夫携手共同照顾残疾前夫，以真情尚义抒写了令人动容的人间大爱。

精彩点评

新婚不久，丈夫涂自武摔成高位截瘫，刘琼坚持生下孩子，独身16年悉心照顾丈夫、养育女儿；刘琼的善良感动了一个比她小7岁的小伙子，毅然牵手刘琼共同照顾高位截瘫的涂自武，以真情尚义抒写令人动容的人间大爱。

刘秀祥：千里背母上大学

刘秀祥（1988~　），贵州省望谟县人，共青团员，贵州省望谟县民族中学教师。

刘秀祥的家乡是一个边远贫困山村。4岁时，作为一家顶梁柱的父亲因病去世。几年后，哥哥姐姐因承受不了窘迫困苦的生活而相继离家。12岁那年，本来身体欠佳的母亲又患上了间歇性精神病。生活的重担一下全落在幼小的刘秀祥身上。他聪明好学，成绩一直在班上名列前茅。没有时间种庄稼，他就把田地转租给别人，每年仅得500斤稻谷。没有钱，他就利用周末和假期上山挖药材背到县城去卖，赚了钱先买药给母亲，余下就买油盐。每天他早早起床，陪母亲吃饭后才去上学。放学后，他匆忙赶回家照顾母亲。刘秀祥就这样读完了小学，并以全县第三名的成绩考上了最好的中学。

由于经济原因，刘秀祥找到民办的乾坤武校，以摸底考试第一名的成绩获得该校免费入学的机会。为继续照顾母亲，他在学校附近租了一间房，开始了带着生病的母亲四处打工求学的生涯。为了生活和学习，他利用课余时间在街边、在垃圾堆里拾废品卖。三年艰辛走来，老师考虑到他的实际情况，劝他报考中等师范，但他的梦想是读大学，所以依然选择了读高中，并以优异的成绩考入安龙一中。

为了攒够学费，开学前一个假期，刘秀祥随乡亲到一个电站打工，每天干的都是重活。由于多年艰苦生活造成的营养不良，他晕倒在脚手架上险些丧命，但他始终没有退缩。因为过于劳累，平时成绩很好的他在高考前一周病倒了。这次高考成绩并不理想，他决定再次参加高考。他连续几次找到某中学请求免费补习，校领导终于被他的事迹和真诚所感动，同意了他的请求。第二年，刘秀祥如愿参加高考，终于考取山东省临沂师范学院，圆了自己的大学梦想。

“天行健，君子以自强不息；地势坤，君子以厚德载物”，刘秀祥用坚强与孝顺的实际行动诠释了中华民族的传统美德，谱写了一曲孝老爱亲、自强不息的青春之歌。

精彩点评

羔羊跪乳，寒鸦反哺。在那些关于孝悌的故事流传了千年之后，他以现代的方式翻唱了源自沂蒙的古老歌谣。与其说逆境磨炼了他的意志，倒不如说是赋予了他自信和力量。也许母亲的健康仍在接受考验，但是孝子的真诚已经坚如磐石。

刘一祯：常怀孝心、常为孝行

刘一祯（1978～　），生于湖南郴州。中共党员，空军政治部文工团声乐队三级演员。

1994年，一场罕见的暴风雪袭击了她的家乡，家里承包的几百棵橘子树全部被冻死。看到家中债台高筑、父母愁容满面，懂事的她用稚嫩的双肩挑起家庭重担。她白天在衡阳宾馆当服务员，晚上辗转于几个剧场唱歌挣钱，每月只留下必要的生活费，其余的都寄回家，用两年时间帮家里还清了全部债务。上大学后，刘一祯一直坚持半工半读，省下钱供弟弟妹妹上学。工作以来，她每次领到工资或演出酬劳，都要给父母寄回去一些。2005年，90岁高龄的奶奶不小心滑倒，摔成粉碎性骨折。她得知后立即请假赶到奶奶身边，每天端水换药、悉心照料，直至3个多月后老人康复。为了防止奶奶再次摔倒，她特意把家里几个房间的地面全部用木板铺平，亲朋好友和周围邻居都对她的孝行赞不绝口。

侯建森/新华

刘一祯在孝敬亲人的同时，还以满腔热情参加敬老爱老的公益活动。她在国内第一家临终关怀医院——北京松堂敬老院设立了“爱心小屋”，定期探望慰问这里的老人。有的老人因手术行动不便，她就为老人端茶喂饭，梳头发、剪指甲；有的老人癌症晚期非常痛苦，她就充满深情地为老人唱歌、讲笑话，给老人按摩减轻病痛；有的老人平时喜欢听戏曲，她就买来DVD机和戏曲影碟，手把手地教老人操作使用。许多老人说，刘一祯就像自己的亲生女儿一样贴心。

刘一祯始终把演出之路当成向孤寡老人播撒真情的爱心之路。她精心制作了全国主要城市敬老院的位置图，每次演出完都要跑一跑当地的敬老院。2005年，她在演出间隙，用半个多月时间寻访南京大屠杀幸存者、抗日老英雄，为他们送去爱心。汶川特大地震发生后，她积极响应中华慈善总会、中国老龄基金会的号召，捐款20万元，并不辞辛劳地进行了多场义演。入伍以来，她先后到全国70多家敬老院、福利院和干休所慰问演出，用自己的收入捐助慰问老人，累计已达100余万元。

“孝顺是疼爱，孝心是祝福，赶上长假多带父母去旅游，星期礼拜常跟父母住一住……”这发自内心的一字一句，唱出了中华民族“百善孝为先”的美德，更莹润了天下人的心房，让刘一祯这棵美丽的蓝色康乃馨，在千千万万的父母儿女间悄然绽放。

精彩点评

她用她的歌声和行动，在宣扬一种美德——“孝”，孝敬父母，孝敬长辈，孝敬老人。在她的歌声里，充满了那种暖暖的浓浓的深深的真情。她在自觉自愿地奉献这一切，因为她真切地感悟“孝”是善良，是宽慰，是心安，是甜蜜，是一种博大的爱。讲孝、重孝，则家和，家和则民安。

罗桑扎西：草原上的孝老神话

罗桑扎西（1950~　），蒙古族，青海省黄南藏族自治州河南蒙古族自治县宁木特乡宁木特村牧民。

1967年夏天，罗桑扎西的父亲外出时不慎坠马，摔成严重骨折，因为没钱医治，造成下肢终身瘫痪。母亲在父亲残疾后，精神打击很大，加之操劳过度，患上了心脏病和肝病，使本已陷入困境的家庭雪上加霜。

17岁的长子罗桑扎西咬着牙挑起了家庭的重担。他起早贪黑地在生产队干活、放牧、挣工分，有了空闲时间就去帮别人家干重活，要点炒面、酥油来贴补家庭，让父母安心养病，让弟妹吃饱肚子。

父亲生活不能自理，日常的生活起居都需要罗桑扎西来照顾。年纪轻轻的罗桑扎西成了细心的“护理专家”。寒冷的冬天，为了不让父亲的伤病发作恶化，他专门跑去向老藏医请教护理方法。夏天暖和时，就抱父亲去草滩上晒晒太阳。父亲瘫痪后精神状态不太好，脾气也越来越大，罗桑扎西经常教育弟妹，不能惹父亲生气，要多说体恤父亲的话，多做让父亲高兴的事。平日里干活再忙，他都会抽出时间同父亲聊聊天，给父亲讲讲外面发生的事情，尽量让老人心情舒畅。这样耐心细致的照料十几年如一日，直到父亲去世。

为了寻找医生把母亲的病治好，罗桑扎西跑遍了周围的医院和诊所。1983年，母亲肝病恶化，做了三次大手术才保住生命，但还需要长期服药。治疗吃药需要一大笔钱，罗桑扎西省吃俭用，对自己极为吝啬，多年来几乎没吃过什么好的，也很少买新衣服。他觉得道理很简单，自己少买件衣服，少吃顿好饭，就能给母亲多买一些好药，母亲就能多在世几天。为了生养自己的母亲，自己再苦再累也值得。

罗桑扎西是好儿子，也是好兄长。他不仅抚养弟妹们长大，还教育弟妹们学文化、学知识，勇于自强自立。在他的培养和鼓励下，两个弟弟都完成中学学业。现在弟妹们个个成家立业，过上了幸福的日子。

如今，已年过花甲的罗桑扎西依然每天劳动，精心伺候着80多岁的老母亲，默默地续写着一个普通牧民不平凡的孝老人生。

精彩点评

在宁木特草原上，罗桑扎西的故事是一个神话。四十几年来，他悉心照料瘫痪的父亲、病重的母亲，把8个弟妹抚养成人。更令人难以想象的是，罗桑扎西因在山洪中解救一名小女孩而落下腿伤，自己也是个行动不便的残疾人。但他始终勇敢地迎接困难，坚强地面对生活，用爱心和毅力支撑起了一个完整的家。

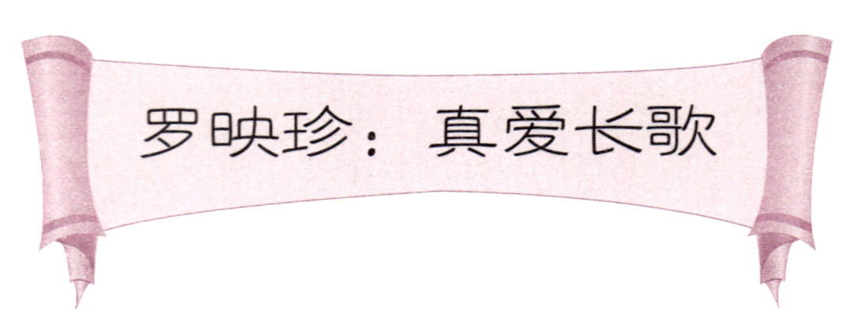

罗映珍：真爱长歌

罗映珍（1980~　），中共党员，从1998年9月起在云南省临沧市永德县小勐统镇计生服务所工作。

2005年10月1日，云南省临沧市永德县公安局民警罗金勇在国庆休假期间与妻子罗映珍回家探望父母。途中罗金勇临危不惧与3名毒贩进行了殊死搏斗，因寡不敌众身受重伤，成了“植物人”。从那以后，罗映珍肩负起了照顾丈夫的责任，不离不弃，精心呵护，无怨无悔。罗金勇在医院接受治疗期间，罗映珍在医院附近租了一套房子，省吃俭用，每天全身心地守候在丈夫身旁，和丈夫说话，并含泪写下了几百篇爱的日记，用日记呼唤着丈夫意识深处的觉醒。每天早上5点，罗映珍便准时起床，以打果汁、煮粥作为一天的开始，在晨曦中带

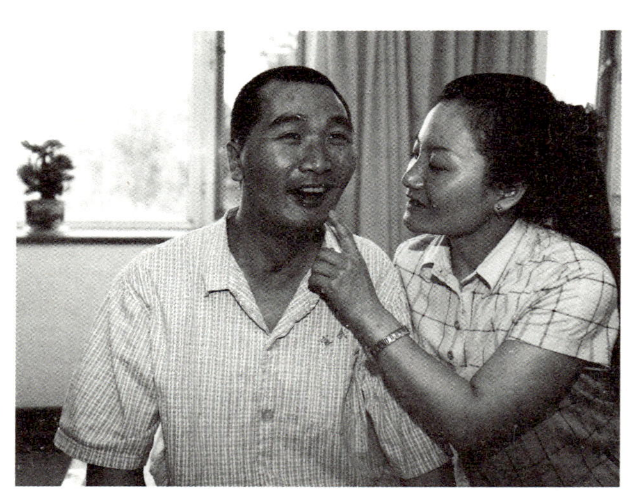

陈建力/新华

着做好的果汁和粥赶到医院，为丈夫洗脸、刷牙、按摩、擦拭身体、喂食……每天晚上罗映珍回到住处，都已经是深夜一点多。日复一日、年复一年，罗映珍依然在默默地坚守，默默地付出，用饱含着真情和热泪的日记呼唤着丈夫的苏醒。她写道：“我相信只要你有坚强的信念，你就能挺过来，意念可以创造奇迹，我们只有两条路可以选择，要么坚持，要么放弃，我选择继续坚持。”正是这种坚定的信念，使罗映珍一次又一次地战胜了心中的悲伤，点燃了内心的希望。2007年，罗金勇已从深度昏迷的植物人状态中苏醒过来，能眨眼，能开口讲“你好”“是”“累了”等几个简单的字，并在特殊的体位下能喝水。见证了这个奇迹的人们都说，是罗映珍的坚持和爱，唤醒了沉睡的丈夫。

苦难磨砺爱情的坚强，爱情总因苦难而显光芒。她不仅唤醒了丈夫，也唤醒了许多人在这纷杂时代中对内心情感最深处的拷问。

精彩点评

把爱人从沉睡中唤醒，是生命的奇迹，还是心灵的力量？她用一个传统中国女人最朴素的方法诠释了对爱人不离不弃的忠贞。甜蜜不是爱情的标尺，艰难才能映照爱情的珍贵。

马俊平：孝爱无言 今生永恒

马俊平，四川航天技术研究院世都科技有限公司员工。

1993年，马俊平与李孟海相爱了，可却遭到马俊平父母及亲友的极力反对。因为李孟海有个从小身患残疾而半身不遂的姐姐，还有个正在读书的妹妹，母亲也没有工作。但家庭的阻挠并未动摇马俊平的决心。马俊平与李孟海牵手红地毯那天，她暗自发誓，今生与他“不离不弃、生死相随”。从这天起，她就主动承担起了照顾整个大家庭的重担。

一晃十年过去。2003年，企业开始调迁，马俊平要随大部队先到成都。推着姐姐，领着儿子，携上年迈的爹娘，马俊平和一家老小上了火车。从到成都龙泉驿第一天起，马俊平就同儿子、公婆和大姑子挤在不足80平方米的小蜗居里。她独自扛起重任，每天在“单位、菜市场、家”三点一线中忙碌着。在一次体检中，公公被查出患有肺癌。在公公住院期间，她每天早上不到六点就起床，做好饭菜，辗转两趟公交车来到医院，陪他做化疗，守在床边说话聊天。中午两点，她又拎着保温桶，准时回到单位上班，不管再忙再累，都会把工作做好、做完。一个月下来，马俊平的体重从当初的110斤下降到仅80斤。

2004年元旦，公公离开了人世，本就患有心脏病、高血压、哮喘等多种疾病的婆婆因过度伤心，得了白内障。家里只剩下三个女人和一个年幼的儿子，生活压力、经济压力全压在马俊平一个人的肩上。但上苍没有因为马俊平的善良而垂青于她。2007年的一天早晨，婆婆突发心脏病住进医院。这些年来，她早已习惯了独自应对这个家庭发生的大小突发事件，始终没打电话给李孟海。因为她心里明白，如何让老公用一种责任去诠释“国家利益高于一切”的承诺。

丈夫心疼妻子，好几次提出请个保姆照顾母亲和姐姐，可都被她拒绝了。她说：这些年来，母亲和姐姐已经习惯了我的照料方式，如果换了人，需要很长一段时间才能适应她们的饮食起居，况且这些事我都能承担。

有一种爱，可以成为永恒。十几年来，马俊平坦然面对命运，在与命运的挑战中高高地昂起头，用爱心与孝心感动了许多人，也用一个女人朴实无华的情怀与细腻，书写了孝老爱亲的人生履历。

精彩点评

为了祖国的航天事业，马俊平的丈夫李孟海常年工作在巴山深处。十几年来，她与丈夫分居两地，用自己不到1.5米的身高、不足80斤体重的瘦弱身躯，挑起了照顾年迈多病的公婆与瘫痪在床的大姑子的重担。对艰难的生活之路，她说，就是再难，爬也要把这条路走完。

马连花：孝顺是我的一种习惯

马连花（1962~　），回族，新疆维吾尔自治区塔城市图书馆副馆长。

马连花从小就受父母熏陶，懂得要真诚相待、关爱长辈、家人以及身边的每一个人。那时，她家里十几口人的生活全靠父亲一人支撑，后来为了让兄弟姐妹们的日子过得好一些，母亲找了一份看自行车的工作。为了让父母安心工作，她学会了做家务，学会了照顾年幼的弟妹。每当疲惫的父母下班回家后，总能吃上热乎乎的饭菜。

成年后，为人母的马连花更是以孝敬父母为己任，和父母亲生活在一起，她的耐心和孝顺让年老的父母亲很依赖，家中的大事、小事都要找她商量才安心。父母身体不好，她的业余时间几乎全部用在父母身上，洗衣、做饭、打扫卫生、陪父母去医院，每件事她都会尽力做好。

马连花的父亲因病先后做了3次大手术，有一年冬天不小心跌倒将髋关节摔断，一直卧床，生活不能自理。后来又查出患阑尾肿瘤，引起肠道出血，每天要换洗衣物十几次。马连花每天下了班就去医院把脏衣服、床单等拿回家洗，再把干净的带到医院给父亲换上，使父亲的被褥保持干净。马连花在父亲最后的40多个日日夜夜，一直陪伴左右，细心照顾，让父亲平静、安详地度过了人生最后的日子。马连花的母亲先后做了6次大手术，在医院期间，马连花无微不至地照顾她，母亲最喜欢吃马连花做的饭，于是马连花每天都要给母亲送饭。2011年，马连花带着年迈的母亲去北京，圆了母亲参观天安门的心愿。

马连花有一个很和谐的家庭。因家庭成员的民族不同，她把不同民族家庭成员的重要节日都记在心里，每个节日都成为一次家庭的欢聚，每次聚会都使老人享受到一次精神上的愉悦。

马连花用实际行动孝敬父母，她的家人、同事、朋友都被她这种从心底流淌的爱所感动。维吾尔族儿媳古丽深受婆婆的感染，她和马连花的干女儿一起接过孝顺的接力棒，有什么活都抢着干。古丽说，婆婆当了一辈子的好儿媳，晚辈们也应该让她在晚年当一个幸福的婆婆。

精彩点评

因为姻亲关系，马连花生活在一个由回、哈萨克、汉、俄罗斯、维吾尔、塔塔尔和达斡尔等7个民族组成的大家庭里。父母年老体弱且多病，为了让其他兄弟姐妹安心工作，她独自一人默默地承担了照顾老人的重任和所有医药费，她的业余时间几乎都是在陪伴老人中度过的。为了照顾家庭，马连花付出了常人难以想象的艰辛和努力。

孟佩杰：恪守孝道的平凡女孩

孟佩杰（1991~ ），生于山西临汾。现为山西省隰县旅游局干部。

孟佩杰5岁那年，父亲被车祸夺去了性命。迫于生活压力，母亲不得不把她送给当时在山西临汾隰县老干部局工作的刘芳英收养，自己不久也因病去世。在新的家庭里，孟佩杰还是没能过上幸福的生活，养母刘芳英三年后瘫痪在床，养父不堪生活压力，一走了之。绝望中，刘芳英企图自杀，但她放在枕头下的40多粒止痛片被孟佩杰发现。“妈，你别死，妈妈不死就是我的天，你活着就是我的心劲，有妈就有家。”

从此，母女二人相依为命，家中唯一的收入来源是刘芳英微薄的病退工资。当别人家的孩子享受宠爱时，8岁的孟佩杰已独自上街买菜，放学回家给养母做饭。个头没有灶台高，她就站在小板凳上炒菜，摔了无数次却从没喊过疼。在同学们的印象中，孟

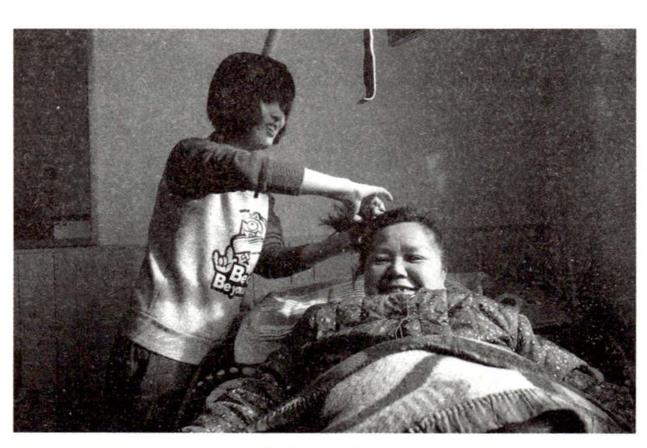

范敏达／新华

佩杰总是来去匆匆。她每天早上六点起床，替养母穿衣、刷牙洗脸、换尿布、喂早饭，然后一路小跑去上学。中午回家，给养母生火做饭、敷药按摩、换洗床单……有时来不及吃饭，拿个冷馍就赶去学校了。晚上又是一堆家务活，等服侍养母睡觉后，她才坐下来做功课，那时已经九点了。“女儿身上最大的特点是有孝心、爱心和耐心。”刘芳英说，如果有来生，她要好好补偿女儿。为配合医院的治疗，孟佩杰每天要帮养母做200个仰卧起坐、拉腿240次、捏腿30分钟。碰上刘芳英排便困难，孟佩杰就用手指一点点抠出来。

2009年，孟佩杰考上了山西师范大学临汾学院。权衡之下，她决定带着养母去上大学，在学校附近租了间房子。大一那年暑假，孟佩杰顶着炎炎烈日上街发广告传单，拿到工资后的第一件事就是买养母最爱吃的红烧肉。

命运对孟佩杰很残忍，她却用微笑回报这个世界。“我只不过做了每个女儿都会做的事。”不少好心人提出过帮助，都被孟佩杰婉拒了，她坚持自己照顾养母。幸福是什么？幸福在哪里？幸福就在每个人的心里！只要每个人心中有爱，那就是最幸福的！

精彩点评

在贫困中，她任劳任怨，乐观开朗，用青春的朝气驱赶种种不幸；在艰难里，她无怨无悔，坚守清贫，让传统的孝道充满每个细节。虽然艰辛填满四千多个日子，可她的笑容依然灿烂如花。

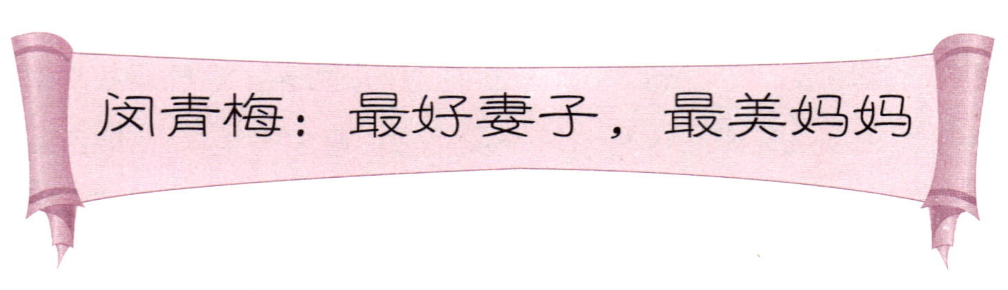

闵青梅：最好妻子，最美妈妈

闵青梅（1975~　），江西省宜春市靖安县双溪镇青湖社区居民。

1995年，年仅20岁的闵青梅不顾家人反对，嫁给了中年丧妻并有两个孩子的舒少波。结婚后，闵青梅曾经怀孕，但为了更好地照顾丈夫亡妻留下的两个幼小的孩子，她选择了放弃。2000年舒少波因车祸导致颈部以下高位截瘫。专家会诊结论是：随着肌肉血管萎缩，神经坏死，舒少波的生命将随之终止。坚强的闵青梅做了一个决定：再苦再难也要从死神手里延续丈夫的生命！

求医的路上千辛万苦。闵青梅带着几乎全身瘫痪的丈夫，开始了四处求医的历程，辗转于江西、上海、江苏、北京等多家医院，瘦弱的身躯连拖带拽地“背”着比她高出一头的高位截瘫病人。为了节省车费，闵青梅总是为丈夫买一张卧铺票，给自己买一张站票，一站就是一夜。

求医的路上百折不挠。在大医院求医未果的无奈下，闵青梅回到靖安，每天推着丈夫走十几里地去寻访民间医生，好心的医生将整套推拿按摩手法教给了她。从此，毛巾热敷、针灸护理、中药调养、推拿按摩，每天两个小时雷打不动，闵青梅俨然成了一位专业护理员。

终于，奇迹出现了：舒少波手脚上的肌肉没有继续萎缩；两年后，舒少波的头能转动了；5年后，舒少波能坐轮椅了；8年后，舒少波手指能简单活动，可以自己吃饭了。闵青梅看到了希望，她期待着丈夫从轮椅上站起来。丈夫瘫痪后，闵青梅从没有睡过一个安稳觉，特别是冬天，整个晚上身子都没有睡暖和过。在她的精心照料下，长年瘫痪卧床的丈夫从来没有生过褥疮。

考虑到舒少波的严重病情，考虑到两个孩子也不是闵青梅亲生的，舒家人商量后，由父亲出面劝她离开这个家，另组新的家庭。闵青梅打断父亲的话，斩钉截铁地说："我不会走的，两个孩子我自己带，谁都不给！"多年来，她坚持打工挣钱，让儿女完成学业。孩子们自豪地说：我们有一个世界上最好的妈妈！

当许多人都认为闵青梅会选择离开时，她却用实际行动作了回答："照顾丈夫是我的责任，其实我做的根本没什么。"

精彩点评

光阴十载，3000多个日夜过去了，她历尽艰辛，把垂危的丈夫从死神手中奇迹般地夺回；她含辛茹苦，把丈夫与亡妻的一双儿女抚育成人。不抛弃、不放弃的誓言在这个瘦弱的女人身上得到了淋漓尽致的诠释。

彭彩金：小身躯撑起一个家

彭彩金（1992~　），先后被评为“广东省十大新闻人物”“广东省十佳自强好少年”等。

1992年秋，出生才30多天的小彩金便被养父母抱来抚养。养母早年突患疾病，是个难做体力活的残疾人。全家靠养父耕种几分责任田、干些修锁等杂活挣钱养家。

梁旭/新华

2003年，不幸降临。养父不慎在家门口摔成重伤，不久瘫痪在床。老两口担心小彩金以后无人照顾，托人叫来小彩金的亲生父母将女儿领回去。虽然回到亲生父母身边，会有比较安逸的生活环境，比较优越的学习条件，而在养父母家里，除了当地政府每月40元特困补贴外，几乎没有任何经济来源，生活和学习环境都相当艰苦。但是小彩金放心不下残疾的养母、瘫痪的养父，她选择留在养父母身边，最终没有随亲生父母回家。

从此，年仅11岁的小彩金成了支

撑这个家庭的小脊梁，包揽了家里所有的大小活儿。她在养父的指导下，学会了配制药水和肌肉注射；一日三餐，她把饭菜做好端到二老床前；晚上，她把洗澡水烧好提到二老身边；上午课间操时，她总是来去匆匆地跑回家为养父倒屎倒尿，打针、喂药；下午放学后，浇菜、挑水、捡柴、做饭、替养父擦身、洗衣服；晚上还得几次侍候养父大小便。每天从早上5点到深夜甚至凌晨，她就像个小陀螺般转个不停。

虽然家务繁重，小彩金却从未放松过学业，她从不迟到或早退，学习成绩总是在班上名列前茅。

2006年春，养父安然去世，养母又病倒了。养母患的是严重的风湿病，平时佝偻着腰，严重时卧床不起。彭彩金对养母更是悉心照顾，每餐总是做好饭菜端到养母面前，每天都替养母擦洗身子。为了让养母尽量舒适一些，她总是小心地侍候养母大小便，把家里家外的活儿全部包揽下来，直到2007年底养母安详辞世。

鸦有反哺之义，羊知跪乳之恩。孝，是我们中华民族的传统美德之一。古有董永卖身葬父，今有彩金孝老爱亲。彭彩金的坚强、勇敢、毅力和爱心，让我们知道了要学会感恩，爱我们的父母，珍惜我们的家。

精彩点评

11岁就成为全家的顶梁柱，要照顾瘫痪的养父和病残的养母，还要耕种、做饭、配药、打针，侍候养父大小便……每天从早上5点多忙到深夜甚至次日凌晨，却没有落下一门功课。你能想象吗？经历这番遭遇的是一名“90后”女生。她就是被人们称作“兴宁孝女”的彭彩金。

彭世英：盲妇四十年演绎大爱人生

彭世英（1943~　），河南省济源市思礼乡范寺村村民。

1968年，25岁的彭世英正沉浸在初为人母的喜悦之中，然而病魔却在此时悄然而至。医生诊断她患了青光眼。由于没有及时治疗，她双目失明了。大儿子刚满百天，彭世英又被查出患有乳腺炎和肺结核。抱病在床、奄奄一息的她几乎想放弃生的希望。但是，上有年迈的婆婆需要照顾，下有娇儿嗷嗷待哺。亲情的力量，让她坚强地面对灾难，举起了照亮全家的火炬。举步维艰的彭世英借助一根竹竿在黑暗中摸索行进，以常人无法想象的毅力操持着繁重的家务：扫地、劈柴、生火、做饭、浆洗、缝补。饭烫了胳膊、针扎了手指、火烧了手臂，无数次的跌跌碰碰，在她的身上留下了数不清的新伤旧疤，使她的身体日渐衰弱，疾病缠身。

彭世英39岁那年，厄运再次降临，丈夫在生产队干活时被大树砸伤。经过多方救治，虽保住了性命，却高位截瘫，这使原本就十分贫困的家庭雪上加霜。丈夫不忍心让她再受苦，曾多次轻生。彭世英发现后，紧紧抱着丈夫，泪流满面："我愿意伺候你、守着你，只要我们有一个完整的家！"丈夫大小便失禁，她每天就早早起床，给丈夫端屎端尿，换洗尿布。

怕丈夫躺在家里寂寞，她就买来三轮车，一日几次将丈夫背上三轮车，带他到外面活动。担心丈夫身上生褥疮，她每天夜里都要起床几次为丈夫翻身。历经23个严寒酷暑，她把生活的希望和信心留给了丈夫，把无微不至的照顾和关爱献给了丈夫。2005年，丈夫在临终前拉着妻子的手哽咽着："世英，今生你为我付出太多，我欠你太多，让我们下辈子还做夫妻，让我偿还你的情，你的大恩来世再报吧！"

想到婆婆日渐年迈，体弱多病，行动不便，彭世英主动把老人接到自己家里。一日三餐，第一碗饭总是先给婆婆吃。婆婆年纪大了，脾气也古怪起来，有时赌气不吃饭，彭世英就把碗端到老人跟前，叫一声妈，喂一口饭。婆婆神志不清时，稍有不满张口就骂，甚至抬手就打。她总是一如既往耐心地服侍着老人。在彭世英的精心照料下，婆婆一直活到了94岁。

40年，15000多个日日夜夜，她双目失明，但心中拥有着无限光明；她虽是个残疾人，却演绎着至孝至爱的动人故事；她是凡人，却做了令伟人也叹服的事。

精彩点评

她是一个双目失明的残疾人，3个孩子的母亲，瘫痪丈夫的妻子，体弱婆婆的媳妇。几十年如一日，她悉心照料高位截瘫的丈夫，精心侍奉年老体弱的婆婆。她用柔弱的双肩，承担起了一份伟大的责任，演绎着至孝至爱、感人肺腑的大爱人生。

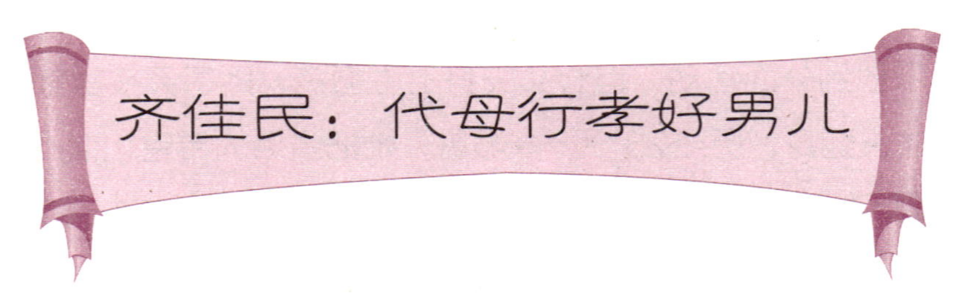

齐佳民（1953~　），中共党员，黑龙江省哈尔滨人。

1971年2月10日，年仅18岁的齐佳民的生活风云突变。38岁的母亲撒手人寰，父亲再婚离家。父母都是独生子女，懵懂中的齐佳民不仅要担起一家6口的生活重担，抚养年幼的兄弟姐妹，还要照顾爷爷奶奶、姥姥姥爷四位老人，代父母尽孝。

为了安排好一家人的生活，18岁的齐佳民学会了记账：每月的收入是61元：6口人每月买粮要花22元，还有弟妹的学费杂费、家里的水费、电费……为了让年迈的爷爷奶奶能喝上牛奶补身体，为了让弟妹能吃顿饺子解解馋，为了能省下1元多的运费，瘦削的他自己一步步从煤站往回拉越冬煤，汗水湿透了衣衫……多少次，他偷偷抚摸着妈妈的照片，诉说自己的委屈。可是第二天太阳升起时，年轻的他打起精神，依旧是弟妹依靠的大哥，依旧是奶奶爷爷贴心的孙子！

齐佳民孝老爱亲的事迹让一个美丽善良的姑娘走进了这个家。她就是王晓燕。从此，她和佳民风雨同舟，共同承担孝敬双方老人的重任。他们孝顺爷爷奶奶、公公婆婆，关心弟弟妹妹，日夜操劳，无怨无悔。除了照顾眼前一大家子人的吃穿住用，还惦记着齐佳民乡下的姥姥、姥爷。20世纪80年代初，在他们的精心侍奉下，齐佳民的爷爷、奶奶、姥爷在年近90岁高龄相继去世。1985年，他们又把孤居乡下的姥姥接到家来。姥姥生病，他们搀扶着去医院；怕姥姥孤单，就买来小狗为老人解闷。王晓燕与女儿经常用自行车把姥姥推到附近的浴池，为她搓澡、擦身。2004年，姥姥病重住进了医院，夫妻俩更是昼夜护理。他们无微不至地照顾姥姥，直到姥姥93岁高龄辞世。齐佳民对继母也像亲妈一样孝敬。1999年，继母得了严重的心脏病，在家境并不宽裕的情况下，他请来知名大夫为继母进行手术。姥姥去世后，齐佳民夫妇又把父亲和继母接到家中悉心照顾，安享晚年。作为女婿，齐佳民又和王晓燕一起照顾因脑血栓后遗症瘫痪的岳母，并精心伺候患绝症的晓燕姥姥到最后一刻。30多年来，几个家庭日子过得井井有条，8位老人幸福地生活着。

俗话讲：百善孝为先。尽孝道在中国是做人的根本，可随着时代的发展，随着计划生育的实行和人口的老龄化，一个人如何面对自己和配偶的爸爸、妈妈、爷爷、奶奶、姥姥、姥爷共12位老人，如何尽孝，如何长时间不间断地尽孝？齐佳民的40年行孝之路给了我们答案，也给了我们信心。

精彩点评

行孝40年，不是一朝一夕；侍奉8位老人，不是一春一冬。在这漫长的尽孝路上，有多少艰辛，有多少困难？可齐佳民却持之以恒，乐在其中。从20多岁到50多岁，是人生中最美好的青春时光，可佳民和晓燕却把它给了老人的饮食、健康、冷暖、平安，牺牲了自己的安适闲逸。

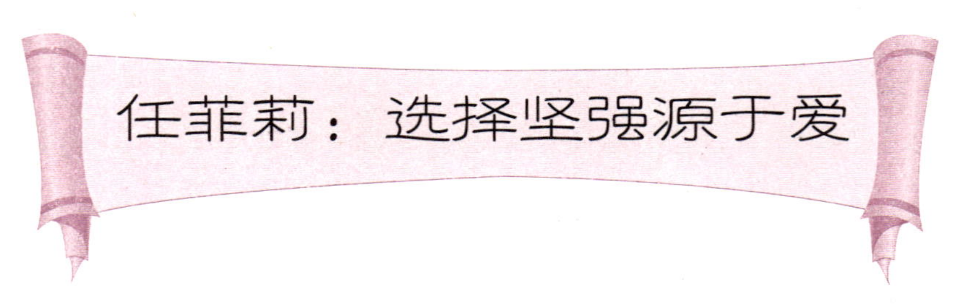

任菲莉：选择坚强源于爱

任菲莉（1964~　），湖南省长沙市国防科技大学电子科学与工程学院高级会计师。

任菲莉曾有一个温馨的家，有一对可爱的双胞胎女儿。不幸的是，1岁7个月时，两个女儿仍不会说话、不能站立和行走，经医院确诊为“痉挛型重度脑瘫”。这个无情的事实将这个家推入了痛苦的深渊。从此，任菲莉就带着一对女儿开始了艰辛又漫长的求医之路。3年多过去了，她的丈夫见一次次的治疗效果甚微，绝望到了极点，最终提出了离婚。

丈夫的离去无疑是又一次沉重的打击，痛苦、难堪、失落，使任菲莉的精神几近崩溃。但面对两个女儿无辜的眼神，任菲莉意识到，她是母亲，必须做她们的守护神，勇敢地挑起抚养、治疗、教育她们的重担。

20年不离不弃，20年乐观向上。为了能让孩子开口说话，任菲莉每天让女儿看着自己的口型，然后一个字一个字地教她们艰难地发音。渐渐地女儿的发音清晰了，能说很多话了。为了让女儿能站起来，任菲莉独自带着孩子七上北京、两下广州求医问药，每天坚持为孩子做4个多小时的康复训练。1995年女儿在北京动手术，她7天7夜没睡觉，一直守护在女儿的身边，帮孩子翻身、接大小便，累了也只是趴在床边稍作休息。功夫不负有心人，2003年她的大女儿终于站了起来！为了帮助孩子克服自卑心理，任菲莉鼓励女儿要勇敢地面对别人异样的目光，还带着女儿参加网络比赛，让她们感受到残疾人也能平等参与社会活动。只要有空，她就教女儿学习。现在，她的大女儿不但能读书、写字、会简单的英语对话，还能熟练地操作电脑，做一些简单的网络维护工作，并有了自己的博客。

任菲莉不仅能坦然地面对家庭磨难，还积极地投身公益事业。为了帮助更多同病相怜的残疾人家庭，2001年3月，任菲莉自费创办了湖南省第一个全方位为残疾人服务的网站——“菲莉雅爱心屋”。网站创办8年来，已为脑瘫患者及家庭提供免费康复咨询2万多人次，任菲莉也因此成了一些脑瘫患者家长的朋友、一群脑瘫孩子的阿姨。

任菲莉是一个普通的母亲，平凡的女性，她大真至纯，大善无私，大美无言。对于女儿，她就是润泽孩子心灵的一眼清泉，伴随女儿的一饮一啜，丝丝缕缕，绵绵不绝，在女儿的笑声泪影中融入了母爱的缠绵；对于众多残疾人家庭，她更像一缕阳光透射出温情与希望！

精彩点评

母爱是永恒的，不管风雨如何剥蚀，她总是完美无损、永不褪色；母爱是质朴的，她总是心清如水、原汁原叶；母爱是执着的，不管命运如何苦涩，她总是掏心吐哺、无私奉献。

盛金花：姑嫂情深演绎人间真爱

盛金花（1929~　），上海市闸北区宝山路街道汉兴居委会居民。

盛金花46岁那年，公婆相继去世，留下了因脑膜炎智力严重受损、完全丧失生活能力的小姑子无人照顾。盛金花和丈夫商量后，毅然挑起照顾29岁小姑的重任，并为此提前办理了退休手续。

30多年来，为了照顾小姑子，盛金花不知吃了多少苦。由于小姑子只要盛金花喂饭、喂水、搞卫生，盛金花极少出门，她的生活重心全放在了照顾小姑子的衣食起居上。为方便照顾，盛金花的床就摆在小姑子的床旁边。小姑子以前还能撑着墙壁走路，但随着后遗症越发严重，身子慢慢佝偻，上下床都要盛金花搀扶。最困难的是给半身不遂的小姑子洗澡。特别是冬天，要边洗边加热水，盛金花得掌握好时间，动作迅速地帮她穿好衣服，暖好被窝，免得她着凉。

由于盛金花的悉心照顾，小姑子与她结下了母女般的深厚感情。小姑子一刻也离不开盛金花，如果看到盛金花换衣服、穿鞋子，她就会认为盛金花要出门，就会像小孩一样哭出来。一直以来，小姑子都管盛金花叫“姆妈”。

2008年11月，小姑子因吐血住进医院。盛金花的丈夫也因病住进同一医院。80岁的盛金花硬是让子女陪着丈夫，自己却在医院病床旁精心照料小姑子。今年春节刚过，一天傍晚，小姑子突然大口大口呕吐，吐出来的都是深紫色的液体，这可吓坏了盛金花。她急忙和女儿把小姑送到医院救治。折腾到天亮，盛金花只打了个盹。有人劝说盛金花另外找人照料小姑子，这位80岁的老人淡淡地说："我了解她，她需要我，我在一天，就要照顾她一天。"

多年来，盛金花的子女们表示，愿意把老人和姑姑接到他们家中，由他们照顾。但盛金花始终不肯，她宁愿自己吃苦受累，也不愿给已经很忙的子女们添麻烦。2009年老伴突然中风，盛金花更忙了。"好在子女孝顺，经常来照顾。现在政策也好了，小姑办了残疾证，每月有补贴，看病也能报销一部分，街道里常有人来帮忙，我轻松了很多。"盛金花欣慰地说。

时光流逝，如静默汩汩的溪水淙淙向前流淌。斗转星移的岁月里，身为嫂子的盛金花一直为家庭默默地操劳默默地承受，无私地奉献着她的青春年华，对身残的小姑子更是不离不弃，感情笃深。她的仁义、她的品德谱写了一曲世间真情的动人之歌。

精彩点评

有一首歌是这样唱的："姑嫂亲，婆媳亲，最亲不过是自家人，不是一家人，不进一家门……"30多年来，她精心照顾高位截瘫的小姑子，为小姑子端吃端喝，擦身洗脸，无怨无悔，被邻里乡亲传为佳话。

施春禄：孝爱撑起一片天

施春禄（1967~　），重庆市云阳县司法局南溪司法所负责人。

1991年12月，年仅51岁的父亲突遇车祸去世，欠下了为母亲治病时留的5000多元债务，施春禄的爱人也因集体企业破产而失去工作，一家生活重担压在排行老大的施春禄身上！他将母亲接到自己身边，一起生活。他一边工作，一边照顾母亲，一边还债，一边支持鼓励弟弟妹妹完成学业。2006年1月，施春禄的岳母因高血压突发脑梗塞造成偏瘫。当时岳父已是70岁高龄，岳父母的其他三个子女都在外地务工，照顾岳父母的重担又落在施春禄夫妇身上。他们夫妇二人既要照顾生病住院的岳母，又要照顾家里年老的岳父。在岳母住院期间，施春禄连续7天7夜守候在病床前，找医生，取送化验单，端屎端尿，跑前跑后，忙个不停。同病房的人都以为施春禄是她的儿子，当得知是女婿时，大家都伸出大拇指说，真是一个难得的好女婿。岳母患病后第8个月，岳父又因高血压引发脑梗塞，生活重担再一次同时压在施春禄夫妇身上！施春禄再次将岳父送往县医院治疗。岳父出院后，面对两位因脑梗塞造成偏瘫的老人，怎么办？施春禄夫妇商量后决定，还是由他们夫妇亲自照顾。为了随时监控两位老人的血压，施春禄买来血压计，学会监测血压，经常为两位老人检测血压。2009年5月16日深夜11点钟左右，岳父突发冠心病，伴有剧烈的心绞痛，他一口气将150斤重的岳父背到距自己家500多米的县第三人民医院，由于抢救及时，岳父转危为安。

几年来，施春禄一边寻医访药，一边指导老人服药，随时和他们交流病情，让他们对自己的病情有更深了解，减轻了他们的精神压力。目前，在施春禄夫妇的精心照顾下，岳父母的病情明显好转，精神面貌也焕然一新。岳父能够拄着拐杖下楼，岳母也能在家中适当走动。施春禄的岳父母逢人便说："要不是我这个大女婿，我们早就见阎王爷去了。"

很多人难以理解，施春禄为何能多年如一日如此孝顺。施春禄说得特别质朴："每每想到老人的今天就是我们的明天，那么自己的言行就会发自内心，自然而然了。"他说，"孝敬老人要抓紧，免得子欲孝而亲不在！"他是这样说的，更是这样做的，他用自己的行动演绎了感人肺腑的孝爱人生路。

精彩点评

多年来，施春禄继承"百善孝为先"的光荣传统，先后细心照顾年老多病的母亲和岳父岳母，被众人称为"孝子孝婿"。

孙国雄：背着病妻去教书

孙国雄（1961～　），中共党员，四川省巴中市平昌县云台小学鞍山村小教师。

孙国雄有六姊妹，他排行老三，家中人多负担重，日子过得很艰苦。1982年，他与妻子张泗德结婚，在5个姊妹出嫁后，为尽孝，孙国雄和妻子承担起照顾父母的责任。父亲患有支气管哮喘，母亲患有冠心病、结肠炎等多种疾病。因要到村小教书，家庭的重担全落在了妻子单薄的身上。孙国雄发誓将来一定要让妻子过上好日子。可这个希望却在1993年的那个秋天被彻底打破了。妻子晕在田里，被查出患有严重的胃肠溃疡和胃肠出血。妻子住院期间，孙国雄坚持白天到校上课，找亲友守候在妻子身边。夜间他换班，一边陪着妻子，一边备课改作业。经过10多天的精心照顾，妻子终于出院了。那场大病，让妻子的身体垮了下去。妻子的长期生病吃药，加上3个儿女的读书，让逐渐宽裕的家庭又变得艰难起来。

2000年夏天，妻子的病情再一次恶化，诊断像晴天霹雳：结核性脑膜炎！医生说这种病医下去有两种结果：一是死亡；一是保住了性命，但脑神经严重受损造成痴呆，生活难以自理……伴着女儿放弃读大学的遗憾，孙国雄选择了为妻子继续治疗。30多天过去，妻子的性命总算保住了，但从此生活不能自理。想到3个孩子都不在家，孙国雄怕上学时，妻子一个人在家出什么意外，于是就在学校找了间空房子，上学时将妻子背到那里照顾。从孙国雄家里到学校有近3千米的路程，妻子总是不好好地走路，常要花上很长的时间。为了不耽误上课，孙国雄只得背着妻子赶路……就这样，孙国雄背着妻子走了差不多10年。多年背妻上学的艰辛并没得到上天的垂怜，2008年，妻子的病情再次恶化，发展成精神分裂症。孙国雄咬了咬牙，东挪西借，将妻子送到了南充精神病专科医院。

从妻子患病开始，孙国雄一直尽心尽力照顾妻子，对教学也不曾懈怠。特别是女儿没读上大学，孙国雄在心底总有一份愧疚。他把这份愧疚转到了对教学的认真上、对更多孩子的爱上。孙国雄希望培养出更多的人才，来弥补心头的缺憾。

几千个日日夜夜，孙国雄不离不弃，无怨无悔与遭遇病魔折磨的妻子风雨同舟，携手直面坎坷多难的人生，并言传身教向学生传承孝道。他以高尚的师德、慈母般的挚爱，诠释了一个人民教师的丰富内涵。

精彩点评

坚守在鞍山小学30多年，桃李满天下；背着妻子上学达8年，不离不弃；照顾病妻20多年，无怨无悔。他，就是一名普通的人民教师。

孙莎莎："背"着妈妈上学

孙莎莎（1991~　），山东省青岛即墨市南泉镇北泉村人。

1999年，孙莎莎8岁那年，母亲不幸患上类风湿性关节炎，从此生活不能自理。为给母亲治病，家中债台高筑。半年后，不堪重负的父亲又离家出走。家庭的重担全都落在了年幼的孙莎莎身上。逆境把孙莎莎磨炼成一个懂事、刻苦的孩子。她小小年纪就一边照顾妈妈，一边刻苦学习。2005年，她以优异的成绩被山东省即墨一中提前录取。可是，学校离家30多里地，一边是需要照顾的母亲，一边是自己盼望已久的求学机会，两难的孙莎莎几经考虑，毅然决定背上妈妈到学校附近租房上学。

高中三年，她每天早晨5点便起床做饭，然后帮母亲穿好衣服、洗漱，等母亲吃完饭匆匆收拾一下就背上书包跑向学校；中午放学铃一响，她第一个冲出教室，回家做饭、洗衣服；晚上9点半下了晚自习，她先帮母亲按摩疼痛的关节，安顿母亲睡下后开始复习一天的功课、预习第二天的新课。就是靠着这种不向命运低头的精神和坚韧不拔的毅力，孙莎莎不但出色完成了高中学业，而且以优异的成绩考上了临沂师范学院。

这一次离家更远了，18岁的孙莎莎毅然决然地又一次“背”着妈妈踏上新的求学路途。在新的环境，她还是一如既往地悉心照顾母亲，同时还参加学校提供的勤工助学岗，赚取微薄的酬劳补贴家用。在孙莎莎多年细心的照料下，母亲的病情有了好转。以前母亲整日卧床不起，连吃饭都要靠人喂，现在不但能够下床慢慢走动，精神状态也比以前好了许多。

真正的强者，不是流泪的人，而是含泪奔跑的人。在精心照顾母亲的同时，孙莎莎学习刻苦，积极上进。在充满活力和爱心的大学里，她热心帮助同学，积极配合辅导员做好各项班级管理工作，受到了师生们的一致好评。她“背”着妈妈上学的事迹，更是感动了许多人，得到了国家、学校和社会各界的关爱和支持。

精彩点评

在那些一往情深的日子里，没有人能分清什么是苦什么是甜，只要认准了，就义无反顾。

孙艳华：孝老爱亲好媳妇

孙艳华（1973~　），辽宁省抚顺市抚顺县哈达镇小寨子村村民。

1992年，孙艳华经人介绍认识了李洪才。相识不久，李洪才在打工时被砸伤住进医院。孙艳华去看望并照顾了他几个月。李洪才在孙艳华的精心照料下，病情有了好转。他们的感情也日渐升温。这时，李洪才向孙艳华说出了心里话。原来他家是当地有名的贫困户，父亲是盲人，两位哥哥和一位弟弟均是智障。他不想拖累孙艳华，但是又不想放弃这段感情，所以他把决定权交给了孙艳华。经过反复思考，孙艳华选择了李洪才，也选择了他多难的家庭。

结婚得有新房，而李家的房子破得四处漏风。公公和3个儿子住东屋，把原来养猪的西屋腾出来做新房。一进屋，臭味自不必说，仅是地面的烂泥和猪粪就厚厚一层。孙艳华操起铁锹清理了一天，又挑来沙石铺垫平整，抹了新白灰墙。1993年3月，他们在这间“新房”里结了婚。

婚后，家里的农活和全家人的吃、喝、拉、撒，她样样得动手。每天天不亮起来做饭，早饭后照顾公公和伤病未愈的丈夫，然后领着大伯和小叔子一同下地干活，接着还得准备一家人的中饭和晚饭，孙艳华从无怨言。

李洪才因伤病留下后遗症，在家休息了近5年。随着女儿出生，家里的日子就更难了。特别是到春季，粮食常常上顿不接下顿，孙艳华只得到处借钱，先买粮食不让家人挨饿，再买种子和化肥种田，秋收后再卖粮还债。

最让孙艳华操心费神的是照顾老人和几个智障兄弟。每次吃饭时，孙艳华都要把碗筷放到他们的手上，然后再给他们夹菜；大哥智障程度重些，有时犯病还砸家里的东西。一年冬天，大哥出门走丢了，孙艳华翻山越岭，四处寻找，直到有人在山上发现把他送回来。但他的腿已经冻坏了，在医院做了截肢，只能靠拐杖行走。打那以后，孙艳华对他们更是倍加呵护。

经过多年坚持，孙艳华的家庭生活终于获得了较大改善。在她多年的悉心照料下，李洪才现在身体已逐渐好转，并学会开车，当上了司机。孙艳华也在农闲时到一家纺织厂打工。村里还为老人和两个兄弟办了农村低保，全家人都参加了农村合作医疗。公公接受了免费的白内障手术，一只眼睛重见光明。全家人住进了县、乡、村筹钱为他们盖的3间平房。

她来自于人群，平凡得像一粒尘土，微薄、微细，只有在太阳的光柱中才能看见其飞扬的姿容。固然平凡，却在琐碎的日常生活细节中，塑造了伟大。她是一个自觉的践行者，更是孝老爱亲的典范。

精彩点评

这是一个奇异的家庭，集中了世界上很多的苦难，也凝聚了人间最真的情感。一个弱女子，20年如一日，尽心照顾着多灾多难的家庭。她扛住的是一份责任，是生命的重量，是孝亲的大爱啊。

谭之平：孝老爱亲写就感恩旋律

谭之平，土家族，中共党员，湖北职业技术学院文明办老师，武汉城市圈志愿者联盟秘书长。

谭之平还在少不更事时，她的母亲就因工伤不幸患上了精神分裂症。病情时好时坏，但无法根治，原来贫困的家庭，日子过得更加艰难。16岁时，她的母亲因意外事故去世，父亲患上了严重的风湿病。为了扛起这个家，谭之平毅然承担了家务和田间农作。为治父亲的病，她到一家百货店打工。两年间，谭之平摸索出了一些经营之道。为改变家庭的生活状况，她大胆创业，揣着两年多省吃俭用的积蓄和借款共2万多元，带着父亲来到汉口，在火车站附近开了一家超市。经过6年的打拼，她经营的超市资产达9万多元。随着生活状况的好转，她上大学的愿望更加强烈，始终坚持边工作边自学。为了给像父亲一样的病人解除病痛，她考入湖北职业技术学院五年一贯制临床医学专业学习。她很珍惜来之不易的深造机会刻苦学习，成绩一直名列前茅。

此时谭之平的父亲也再婚，她又有了一位母亲。谭之平十分看重亲情，对于父亲的再婚选择十分理解，对待继母像亲生母亲一样。为了给父母治病，谭之平定期买药寄回家。寄药时，她总要寄上一些营养品。她以对长辈的敬重、关爱和孝道，促进了家庭的和谐。她深知父亲和继母走到今天太不容易，为方便照顾父母，给他们治病，她把父母接到了孝感居住。

谭之平对待其他困难群众同样充满爱心。每逢周末和节假日，她组织同学到孝感市福利院、孝感市精神病康复医院等单位，为老人、病人送温暖，进行义务劳动。谭之平还整合湖北职院义工资源，成立了湖北职院义工社（青年志愿者协会）。现在，越来越多的学生自发地加入到志愿服务的行列中来。

志愿者工作已经成为谭之平生活中必不可少的重要部分。从2007年以来她先后到全国各地演讲100多场，传播孝文化，倡导志愿者精神，影响更多的人行孝感恩，让孝老爱亲、敬老助老、感恩奉献成为一种使命、一种习惯、一种生活方式，让更多的志愿者在和谐社会建设中贡献爱心、智慧和力量。

精彩点评

只要心中有理想，路，就会在脚下延伸。这是一个来自山村的土家族青年，乐观而坚强，在她的人生字典里，找不到家庭变故的悲伤和曾经的苦难。

汤太平：一心孝母有耐力

汤太平（1951~　），中共党员，江西省浮梁县浮梁镇大洲村村民。

20世纪70年代初，汤太平与王腊香结婚，成了王家的上门女婿。由于王腊香幼时过继于人，他们夫妻俩便有了赡养双方6个老人的义务。1990年，父亲突患脑血栓，瘫痪在床，动弹不得。汤太平夫妇便担负起日夜照顾父亲、安慰母亲的责任。两年后，父亲离开人世。1995年初，母亲又突发脑溢血，导致半身不遂。起初几年，母亲病情非常严重，因不愿意拖累儿女而拒绝治疗，这令他们心力交瘁。此时汤太平家中还有包括妻子养母在内的7口人，孩子除一人参加工作，其余都年幼。面对困难，汤太平毫不退缩，决心克服一切困难。病中的母亲白天不仅一日三餐要喂，而且每隔两小时要搬下床大小便，一不注意就拉在身上了，得随时换洗干净。一天要搬动七八次，以免染上褥疮。老人生性爱洁净，难免怨人怨己，唠叨不绝。但汤太平没有怨言，只有一个信念，尽人子之孝，让母亲多享受天伦之乐。他常开导弟妹："母亲这是生病，急不得，只有耐心细致才有疗效。"在他的悉心呵护下，母亲树立了活下去的信念。

炎热的盛夏，汤太平搬来硬板床睡在母亲身边，晚上睡觉时为母亲摇扇驱赶蚊子。隆冬腊月，他为母亲搓手搓脚，促进血液循环。汤太平看见母亲因疼痛难忍无法入睡，便找来书籍，自学按摩。天气好时，他就和弟弟一起用车推着母亲到县城散心、解闷。

由于常年的操劳，2007年5月，汤太平患上胃癌。从上海手术治疗回来休养一段时间后，又继续服侍母亲。2008年汤太平双眼被确诊为青光眼，在只有一只眼睛能够看清东西的情况下，他依然坚持悉心服侍母亲。在他和弟妹们的精心照顾下，老人卧床十几年，从未染上褥疮。村里人都夸汤太平是一个孝顺的儿子。

一天、两天……一年、两年……几千个日日夜夜过去了，汤太平用自己的行动践行着中华民族传统的美德，无怨无悔地照顾着三个母亲、三个父亲，他的壮举演绎了一曲爱心、责任与奉献的新时代颂歌，孝心感动着神州大地。

精彩点评

尽孝是生活的信念，坚持是付出的动力。母亲给了我生命，我愿把生命的意义还给母亲。让母亲体会生活的温馨，让自己领悟生命的感动，愿母亲太平。

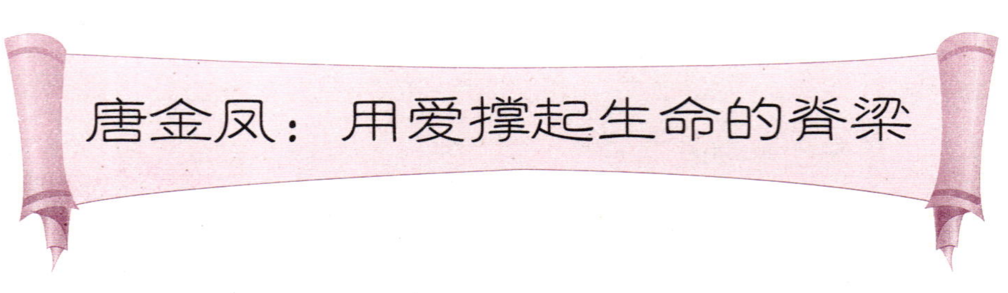

唐金凤：用爱撑起生命的脊梁

唐金凤（1986~　），四川省遂宁市船山区新桥镇人。

2008年，唐金凤与李应辉经人介绍相识。不久，共同的兴趣爱好让两颗年轻的心碰撞出了爱情的火花。李应辉多次向唐金凤提出结婚请求，但唐金凤觉得年龄还小，每次都“打太极”应对。2009年12月初，李应辉突然被查出身患肝癌，而且已到中期。这对唐金凤而言，无疑是晴天霹雳。她忍着锥心的痛，火速赶到恋人身旁，鼓励他：“其实，肝癌中期并不可怕，是可以治好的。”看到女友眼角未干的泪痕和强装出来的笑脸，李应辉心如刀割。他强忍着内心的痛苦，要求分手。唐金凤断然拒绝，并在两天后做出一个令人意外的决定：马上和李应辉结婚。令她欣慰的是，她质朴善良的父母亲并没有反对，他们明白女儿的选择自有她的道理。经双方家长商量，按男方的意思，决定将婚礼定在一年之后，这样一来可以给李应辉心理安慰，二来如果万一李应辉病情突然恶化，也免得拖累唐金凤。但唐金凤却不同意，她告诉双方父母，李应辉需要她的照顾，她要尽早和他结婚。就这样，婚礼在李应辉被查出患有中期肝癌半个月后举行。

2009年12月22日，在唐金凤的老家，她善良淳朴的父母用同样炽热的爱心，尽心尽力地为一对有情人操办了一场热热闹闹的婚礼。

两年多以来，他们从不放弃治疗，并且还经常帮助他人，对其他同样患肝癌的病友给予精神上的鼓励和治疗经验的交流。李应辉虽然仍处于癌症的阴影之下，但他迎来了生命中最绚烂的时刻。爱人至真至善至美的抉择，给了他重新面对生活、面对生命的勇气。

爱心终没能抵得住肆虐的病魔。2011年9月李应辉带着对妻子唐金凤的无尽牵挂，永远离开了这个世界。看着老年丧子、一夜之间苍老了许多的公公婆婆，唐金凤发出铿锵承诺:“爸妈，你们虽然失去了儿子，但我永远都是你们的儿媳和女儿。你们放宽心，我会照顾好你们二老一辈子的。”

“夫妻本是同林鸟，大难临头见真情”，唐金凤以执着的意志，朴实的行动，千般真情陪护着患病的丈夫。她那份真挚的情感，那份对爱情忠贞不渝的信念闪烁着人性的光辉，在十里八乡传为佳话。

精彩点评

“执子之手，与子偕老。”唐金凤这名出生在遂宁农家的普通80后女子，在物欲横流的今天，用自己的行动，为我们诠释了爱的真谛。她在明知男友身患绝症、可能生命短暂之时，毅然拒绝男友的分手要求，主动求婚，携手新郎一起步入婚姻的红地毯，甘愿与之厮守一生，演绎了一幕感人至深的人间真情。

唐俊：带着瘫痪养母去上学

唐俊（1988~ ），共青团员，四川省南充市人。

唐俊1岁多时被亲生父母遗弃，南充市营山县农妇李玉英收养了她。1981年8月，养母李玉英上山打柴不幸摔下山崖导致瘫痪，生活完全不能自理。1996年初，养父又因病不幸去世，当时，唐俊年仅7岁。为了偿还债务，哥哥只身外出打工，照顾养母的重任就落到了唐俊稚嫩的肩上。尽管年龄很小，但她学着洗衣煮饭、挑水扫地。家里没有菜吃，她就试着在家门口的空地种菜。为补贴家用，她还学会了养鸭养羊，精打细算维持生活。

1998年，唐俊如愿以偿地上了学。由于学习成绩很好，她从小学二年级跳到四年级。2005年3月，唐俊家里的房子成了危房。在舅舅的帮助下，她带着养母离开家乡，来到营山县城南一小附近租了一间小房子，一边照顾养母，一边继续上学。2006年7月，唐俊考上了省重点中学——营山中学。她的事迹深深地感动了学校领导，学校为她免除了学费。她又在学校附近重新租了一间小屋，把养母接过来。每天清晨，唐俊都早早起床，帮养母穿好衣服，抱她上厕所，给她洗脸、梳头，然后赶到学校上早自习。中午放学后，她又匆忙赶回家，帮养母上厕所、擦洗身子，给养母做饭、喂饭，下午两点再赶回学校上课。晚自习后，再匆匆赶回家中做晚饭，收拾家务，服侍养母睡觉。日复一日，年复一年，常年的辛苦劳累，使唐俊的身体越来越消瘦单薄，但她学习成绩一直在学校名列前茅。她说："养母也是娘，考上大学后，我仍旧会背着母亲去上学。"

生活的艰辛没有压垮唐俊，她乐观上进，意志坚强，总是面带微笑，用稚嫩的肩膀撑起了一个在风雨中飘摇的家。她说："生活像一面镜子，你对她笑她就对你笑，你对她哭她就对你哭，我为什么不笑着面对生活呢？""我清楚困难时那种渴望帮助的感觉，我也记得人们给我的每一个帮助，理所应当将爱心传递下去，尽力帮助那些需要帮助的人。"

精彩点评

"品学兼优承美德，照料老人报养恩。"为报答养母的抚养之恩，唐俊多年来坚持一边上学读书、一边照顾瘫痪的养母，勤奋劳作，无怨无悔，不但学习成绩一直保持优秀，而且把养母侍候得非常周到，在巴蜀大地留下了带母上学的美谈。

田世国：当代孝子捐肾救母

田世国（1965~　），生于山东省枣庄市。现任职于广州一律师事务所驻阿联酋事务处。

田世国的家庭非常普通，就像千千万万的家庭一样。父亲田家平在枣庄市矿务公安处工作，母亲刘玉环是市远大实业公司的一名职工，两位老人均已退休。田世国兄妹共3人，作为家中长子，他从懂事起就事事处处为父母分忧。2004年3月26日，弟弟告诉田世国，母亲被确诊为尿毒症，已到晚期。当天晚上，田世国就往枣庄赶。下车后，他直奔医院。医生告诉田世国：尿毒症患者的治疗方法主要靠血液透析或换肾来维持生命。而肾移植不仅费用昂贵，而且肾源不好找。

由于尿毒症引发了一系列并发症，老太太时常要忍受一根一尺长的针从背后插进去抽积水，这个痛苦是常人无法想象的。看着母亲受罪，田世国下定决心要“不惜一切代价”给母亲换肾，“哪怕她只能再多活一年，多活几个月，我都要给她换，咱不受这份罪”。2004年9月30日，田世国身患尿毒症的母亲，在手术后一分钟顺利排尿。只是她至今也不知道，那个肾来自于她做律师的大儿子。“她是我老娘，我这么大块头给她捐个肾怎么不行？我也咨询了专家，手术对我的健康不会有大的影响。”田世国说，他现在也为人父了，深能体会“父母惟其疾之忧”。

有人问田世国，是不是他母亲有什么特殊之处让他们兄妹三人有如此举动？田世国说：“我们家的母爱和父爱跟中国千万个家庭一样，都是点点滴滴的积累，没有轰轰烈烈的大笔狂书。但是这还不够吗？”他还说：“如果非得再另外找原因，就是我姥爷病危时不能大便，我妈洗净了手给他抠出来。”

现在，田世国仍然沉浸在用自己的力量救活母亲的那种快乐里。他说，这件事还给他们全家带来了一股独特的凝聚力。而这种值得骄傲的体验，不但照亮了母亲的生命，还将照耀自己的一生。

精彩点评

“谁言寸草心，报得三春晖？”这是一个被追问了千年的问题。一个儿子在2004年用身体做出了自己的回答，他把生命的一部分回馈给病危的母亲。在温暖的谎话里，母亲的生命也许依然脆弱，但是孝子的真诚已经坚如磐石。田世国，让天下所有的母亲收获慰藉。

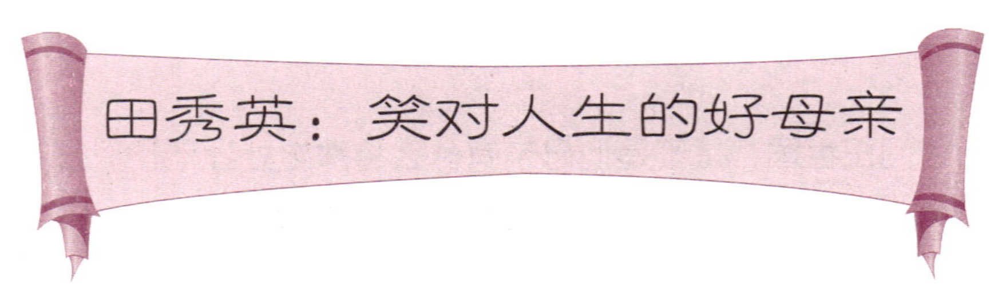

田秀英：笑对人生的好母亲

田秀英（1961～　），山东省肥城市安临站镇冯杭村村民。

田秀英的儿子蔡振国3岁时被大火烧伤，经过两个多月、先后7次大手术后，蔡振国的生命保住了，但面部扭曲变形，双手重度致残，完全失去了自理能力。田秀英不仅没有放弃对儿子的希望，反而更加关爱儿子。随着儿子长大懂事，她经常给儿子讲张海迪、朱彦夫的故事，鼓励儿子"你一定能行"。再苦再难，田秀英没在儿子面前掉过一滴眼泪。为了让四肢蜷缩着躺在床上的儿子尽早站起来，她用强力松紧带裹住儿子的四肢，让他练习走路；为了能让儿子正常上学，她把笔绑在儿子的两只手上，一笔一划地教他写字；为了培养儿子的独立生活能力，她从小锻炼儿子自己穿衣、吃饭、洗衣服。

在田秀英不为人所理解的"狠心"教育下，蔡振国变得坚强而乐观，终于重新站立起来，用两只残手写字、吃饭、穿衣，直至生活完全自理。8岁时，蔡振国像正常的孩子一样进入小学，2002年以优异成绩考入省重点高中，2005年又以优异成绩考入山东轻工业学院。大学期间，蔡振国品学兼优，先后荣获全国大学生自强之星提名奖、山东省优秀党员等荣誉称号。2009年蔡振国被北京师范大学教育学院录取为硕士研究生。

1995年，田秀英的公公患上了脑血栓。田秀英每天陪伴在老人身边，为公公洗脸洗脚、定期修剪指甲，清洗公公换下来的尿布，直到2003年老人去世。

2006年，田秀英在家里开通了“蔡妈妈”热线，热心为在生活中遇到挫折而丧失生活信心的人提供无私援助。2006年3月，她将湖南一名被烧伤的女孩接到家中，并将济南中心医院为儿子蔡振国提供的免费整容机会让给女孩，使其克服心理障碍，开始了新的生活。2008年6月，田秀英把东营市一位因脸上伤疤而自卑辍学的17岁男孩领回家中，为男孩联系医院会诊、整容，进行心理治疗，使其重拾信心、重返校园。

世界上没有教不好的孩子，只有不会教育孩子的母亲和老师。田秀英用她的大爱不但培养了自己的孩子成才，同时也帮助了无数的人，展现了人性的光辉，诠释了中华孝道的精髓。

精彩点评

她美丽、善良、温暖、质朴、活泼、自信、淡定、从容、忠孝、勤奋、向上、坚强、智慧，她是“爱”与“能量”的代言人，她是当今社会“好妈妈”的不二人选……

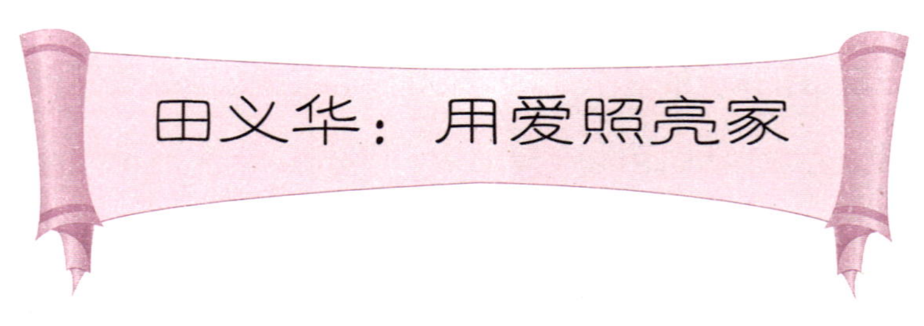

田义华：用爱照亮家

田义华（1976~　），四川省广元市元坝区沙坝乡红寨村村民。

田义华与同村的张子学结婚不久，婆婆就得了病，丈夫长年在外打零工养家糊口，家里有一个小孩，公公又去世得早，照顾孩子和婆婆的重担就自然地落在她那柔弱的身上。婆婆生活不能自理，是她为老人喂饭、梳头，晚上给老人端屎端尿，直到婆婆去世。她那颗视婆婆为亲生母亲的孝爱之心，晶莹而剔透。她用无私的双手托起了婆婆的老年生活，用自己善良的心照亮了家里的每一个角落。

田义华的哥哥田义刚，是红寨村一名普通村民，与妻育有一女，一家人的日子过得有滋有味。俗话说，“天有不测风云”，就在田义刚一家对生活充满憧憬的时候，2008年9月，在上海打工的他被查出患上了尿毒症。这一晴天霹雳，震碎了许多人的心。妻子刘月痛不欲生；长期生病的高龄父母对儿子日趋羸弱的身体，更是一筹莫展。

这个消息被妹妹田义华知道后，毫无顾虑地做出了惊人的壮举：为了拯救哥哥的生命，要把自己的一个肾捐给哥哥。当田义华告诉丈夫要把自己的肾捐给哥哥时，遭到了丈夫的坚决反对。丈夫见劝说动摇不了田义华的决心，于是便以离婚要挟。除了11岁的女儿，婆家的亲戚都不赞成。那时候田义华内心十分痛苦，既要解除丈夫的担忧，又要及时挽救哥哥的性命。于是，她开始苦口婆心地一次一次找丈夫谈心。终于，田义华的执着和善良感动了丈夫。其实丈夫张子学也是一个有情有义之人，在确定妻子田义华捐出一颗肾后不会对身体有明显影响后，顾虑有所减少。他又何尝不想田义刚早点好起来呢，只是他更心痛自己的妻子。

2009年3月28日，配型成功后，田义刚、田义华兄妹俩在华西医院成功进行了肾移植手术。病魔可以肆虐脆弱的生命，但却不能泯灭人间的真情，田义华不仅捐出了一个肾，还把全部存款一万多元拿来支付手术费用。

田义华用自身的行动践行了大爱的内涵，传承了中华民族孝老爱亲的传统美德，是新时代人们学习的楷模。

精彩点评

田义华是一个好妹妹，当哥哥田义刚被查出患上了尿毒症后，她毅然把自己一个肾捐献出来，挽救了哥哥的生命；田义华还是一个好儿媳，她用勤劳的双手和质朴的行动侍候婆婆的生活。她用自己善良的心照亮了家里的每一个角落，传承了中华民族孝老爱亲的传统美德。

万香文：星星的母亲

万香文（1963~　），广东省珠海市香洲区万香文儿童自闭症康复中心主任。

30年前，因家境贫寒，万香文忍痛放弃了上大学的机会，进入四平一家工厂当了普通工人。她的工作要接触很多的化学辐射品。在那个年代，她丝毫也没有想到这种辐射会给她今后的生活带来多大的危害。1985年，万香文初为人母，但她的喜悦很快被无情的现实击垮——儿子魏卓天生没有听觉。她背起儿子跑遍了长春、北京、上海的各大医院，医生告诉她，因为怀孕期间受了辐射，孩子没有治愈的希望。由于先天聋哑，孩子又患上了自闭症，总是不停地乱跑，经常走失。

看着儿子这么可怜，万香文毅然辞去工作，决定自己挑起培养教育孩子的重担。为了魏卓，20多年来，万香文卖过鸡蛋，养过小鸡，在街头摆过地摊，甚至背着儿子帮人家碾过米。为了训练魏卓学会发音，学会说话和写字，万香文千百万次用对口型的方式与儿子面对面练习。功夫不负有心人，魏卓居然慢慢可以说出一些简单的词汇，并且学会用看口型的方式理解别人的语言了。转眼儿子到了上小学的年龄，在万香文的努力争取和真情打动下，魏卓终于走进了一所正常孩子上学的小学课堂。为了帮助儿子学习，万香文又买来课本，学习孩子的全部课程。每天晚上孩子回到家，万香文不管自己白天多累，都要手把手地为孩子当起第二课堂的老师。魏卓终于在她的陪读之下上完了小学，并以优异的成绩进入了中学。

2003年是万香文最为骄傲的日子，魏卓考上了长春大学特殊教育学院，并且绘画专业成绩位列第一名。之后的大学期间，魏卓更是因为成绩优异，连续3年获得了美国慈善协会的奖学金。2009年，万香文和大学毕业的儿子南下珠海，在一位爱心人士的帮助下，开办了一家儿童自闭症康复中心，用自己20多年来培养孩子的经验，悉心培育着一群与魏卓当年一样的孩子。

“看到曾经自闭的孩子一个个从我们这里出去，进步了，正常了，我们心里比什么都知足。”她是一位不幸的母亲，更是一位坚强的母亲，她没有被不幸的命运击垮，而是变得更为强大；她还是一位伟大的母亲，用她的全部经验和精力，救助过上百位自闭症儿童，无怨无悔。

精彩点评

一位伟大的母亲，面对先天聋残、患有自闭症的儿子，不离弃、不放弃，终于把儿子培养成一名优秀的大学毕业生。在培养教育儿子的过程中，她还摸索出一套特殊的教学方法，在珠海开设了儿童自闭症康复中心，帮助其他自闭症孩子进行康复训练。

王红霞：孝老爱亲美名传

王红霞（1955~　），中共党员，海南省临高县纪律检查委员会副主任科员。

王红霞40岁的时候跟丈夫结婚，家里有年迈的公公和丈夫与前妻所生的一对儿女。结婚不到3年，王红霞的丈夫就患上了脑瘤，全身瘫痪，生活不能自理。她为帮助丈夫控制病情到处奔波，走遍了临高的每个村庄寻偏方、找药材，始终对丈夫不离不弃，直到丈夫去世。

丈夫去世后，作为继母，王红霞把一对儿女视同己出。为了供孩子上学，王红霞精打细算、节衣缩食，几年来没有给自己买过一件衣服，却从来没有短缺过孩子的学习费用或学习用品。她主动跟青春期的女儿交流，陪伴女儿上晚自修，经常向女儿的班主任和任课老师了解情况，女儿把她当成最信赖的朋友。儿子高考的时候，她从并不宽裕的工资里挤出钱来为儿子买补品，煮鸡蛋、冲牛奶给儿子补充营养。儿子考上了大学，看到家里经济条件困难，想放弃学业打工赚钱帮家里还债。王红霞知道后，语重心长地对儿子说："现在社会需要高文化、高素质的人才，咱家是困难，但就算去贷款，我也要供你把大学念完！"王红霞用坚决的态度打消了儿子的念头，想办法给儿子凑齐了学费。

王红霞的公公在城里住不惯，自己一个人在农村老家。每个周天，王红霞都要回老家为公公买米买菜，砍柴挑水，洗衣做饭。有一次，公公脚上生了一个大疮，流着脓水，气味十分难闻。王红霞不怕脏、不怕臭，主动为公公挤出脓水，用盐水清洗，嚼烂又苦又涩的草药敷疮口，直到老人痊愈。公公感动得逢人便夸她是个孝顺的好媳妇。

“感谢你们，感谢党和政府，孝老爱亲是我们每一个人都应该做的。”朴实的话语，诠释着王红霞无悔的行为，美好的心灵。

精彩点评

“老吾老以及人之老，幼吾幼以及人之幼”，王红霞用行动将尊老爱幼、传递美德的接力棒一代代传下去。

王松梅：阳光般的亲情

王松梅（1942~　），天津市西青区大寺镇王村村民。

1958年，王松梅与王村青年张振奎喜结连理。从那时起，她就承担起照顾家人的重担。公公哮喘病很严重，二叔公、三叔公也都有哮喘病，40多岁的四叔公眼睛视力不济，无法劳动。因为体弱多病、家境贫穷，三位叔公一直没有结婚，和王松梅的公公生活在一起。面对这样一个贫病交加、人口众多的大家庭，王松梅从来没有叫过苦喊过累。白天她和丈夫一起下地劳动，晚上回到家里还要做饭、干家务。家里有什么好吃的，她从来舍不得吃上一口，都让给老人、孩子。为了让老人们生活舒适，每天晚上她都早早为老人们铺好被褥，把洗脚的热水端到老人炕前，还经常为老人洗脚、修剪指甲。公公发病时不能吃硬的东西，王松梅就特意给老人熬小米粥，一口口地喂给老人吃。1981年，公公去世后，王松梅继续照顾着三位叔公。

1998年，为了减轻王松梅家的压力，大寺镇妇联和王村党支部、村委会提出把三位老人接到镇敬老院养老，却被王松梅婉言谢绝了。

1999年，86岁高龄的二叔公卧床不起。王松梅既要料理家务，又要照料病人，整天得不到休息。有人劝她为自己考虑考虑，她却说：

“只要叔公能活着，干什么我都愿意。”就这样，王松梅精心照料着二叔公，直到他平静离开人世。2001年，79岁的三叔公也安详离世。

如今，双目失明、80多岁高龄的四叔公在王松梅的精心照料下，身体硬朗，生活开心。

在王松梅的潜移默化下，她的4个儿子和儿媳也加入到尊老、敬老的行列。每个周末，儿子、儿媳们都过来帮助料理家务。以前，老人换下来的衣服都是王松梅拿去洗，自从儿媳过了门，这些事就由儿媳承担下来。在这个四世同堂的大家庭里，两代人接力养老的故事在王村传为佳话。

精彩点评

“只要一家人能够平平安安、乐乐呵呵的，就是最大的幸福。”这是王松梅的心愿。60多年来，王松梅精心侍奉公公以及三个未成家的叔公公，无怨无悔。

王艳玲：母爱不需要血缘

王艳玲（1960~ ），吉林省吉林市工商个体户。

蒋林／新华

1997年王艳玲与丈夫离了婚，之后她独自抚养儿子和前夫已故表哥的一双儿女。表哥家的女儿是个残疾孩子，每天要靠流食维持生命，多年来王艳玲在这个女儿身上花光了全部积蓄，做了十几次手术。现在女儿和正常人一样已结婚生子。由于母爱的真诚付出，前夫表哥的一双儿女早已改口叫她妈妈。

2003年，王艳玲的前夫患上了尿毒症，无奈之下他又找到了王艳玲。王艳玲用一颗宽容的心来善待他。前夫每个月要做一到两次透析，2000多元的费用王艳玲一人承担。王艳玲还给他东奔西跑办理了低保，帮他开了一个老年活动站，为他交房租。前夫多次对朋友说，来世一定好好报答王艳玲！

下岗后的王艳玲卖过菜，送过纯净水，送过煤气罐，开过出租车，后来又开了个网吧和小饭店，每一分钱都靠辛苦打拼得来。从1995年到现在，王艳玲已经领养和资助了多名孤儿，捐赠钱物累计几十万元。

她曾经资助过北华大学的贫困大学生赵强，赵强在获得奖学金后，也学着王艳玲资助了一个孤儿，被称为“爱心妈妈带出来的爱心哥哥”，几年来像赵强一样受到过她资助的贫困大学生仅在北华大学就有200多人。

王艳玲资助他人，自己也不时面临沉重压力。前夫治疗本身花费不少，接着她母亲患上了败血症，一个月下来住院费加输血就花去7万多元；上大学的儿子需要缴纳几年的学费。面临生活的重重压力，她低价把多年苦心经营的小饭店转让出去。后来新华社、中央电视台和中央人民广播电台等多家媒体对她的事迹进行了报道，社会上不少好心人要捐钱捐物给她，她都婉言谢绝了。她坚信能靠自己的努力渡过难关，她说，每一次困难使她更加坚强。2008年5月12日汶川地震后，王艳玲在自己还有外债的情况下，向灾区捐赠了1000元人民币及衣物。她说看到那么多孩子失去父母成为孤儿心里特别难受，她恨自己没有更多的能力去帮助他们，虽然经济状况不好，但是可以从精神和感情上帮助这些失去父母的孩子们。

母爱是伟大的，母爱是无私的，母爱可以超越时空。王艳玲正是用超越亲情的母爱关心更多需要母爱的孩子，用博爱宽广的胸怀关心、帮助身边所有的人。

精彩点评

她命运多舛，却收养资助了多名孤儿；她不计前嫌，照顾病重的前夫；她捐资助学，却让亲生儿子申请助学贷款；她舍弃利益，无私帮助生意伙伴；她面对压力，不忘孝老爱亲，不忘关爱更多的孩子……

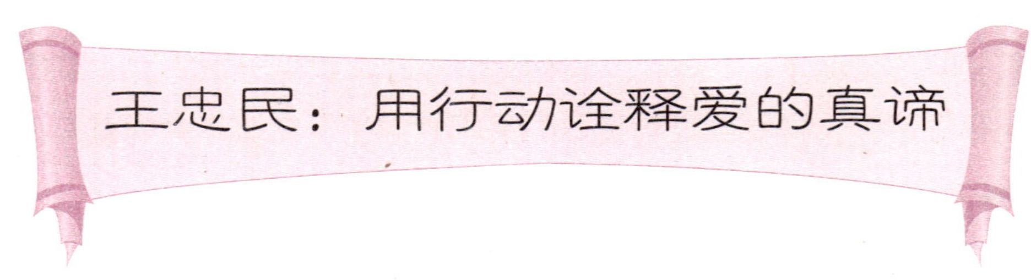

王忠民：用行动诠释爱的真谛

王忠民（1953~　），中共党员，原甘肃省平凉市华亭县人民检察院党组副书记、副检察长。

1998年，王忠民的父亲患上了慢性心脏病和糖尿病，随后病情不断加重，一度反复昏迷，形成尿毒症状，住院治疗期间，吃饭、喝水、大小便等完全不能自理。身兼反贪局局长的王忠民，白天在一线指挥干警办案，晚上和妻子轮流陪护，终于使父亲转危为安。一年后，母亲又因心脏病住进医院。他白天工作，下班后精心照顾母亲，每天清晨四五点钟起床赶往医院，帮助母亲起床穿衣、洗漱、吃饭，重复着那些繁琐而又必要的护理细节。

2000年，王忠民的岳父去世；同年，50岁的妻哥又遭遇车祸而撒手人寰。连失两位亲人的打击，致使78岁的岳母心情极度压抑，对生活失去了信心。面对这种情形，王忠民二话没说将岳母接到了自己家中。经过几个月努力，岳母的病情得到控制，一段时间还能做点针线活。一年多后，岳母生活不能自理。王忠民同妻子日复一日地悉心照料，直到老人辞世。王忠民的妻妹房世花离异后，不幸患上了肺癌。王忠民和妻子在伺候岳母的同时，又将无依无靠的妻妹接到家中看护，竭尽全力为她看病治疗，不厌其烦地照料了两年多，直到妻妹去世。

王忠民原本有一个活泼可爱、品学兼优的儿子，却不幸在上大学期间遭遇车祸身亡。为了让妻子、父母尽快走出阴影，王忠民将中年丧子之痛深埋心底，始终用积极的态度去激励亲人扬起生活的希望。后来有了女儿媛媛，他又把爱投入到对女儿的抚养和教育之中。外甥王睿3岁时父母离异，王忠民就像对亲生孩子一样，在各个方面精心呵护，使孩子健康成长。由于自己、妻子工作忙，为更好地照顾老人，王忠民在家中雇请了保姆。他视保姆为家人，十分关心保姆的成长，鼓励她参加高等教育自学法律大专考试，拿到了大专文凭。他的忠厚善良和孝善之心深深感染了保姆刘宝花，使她不仅学会了感恩和自强不息，而且像孝敬自己的爷爷、奶奶一样悉心照料二位老人。

“百善孝为先”，王忠民几十年如一日，用实际行动为我们树立了身边可敬可学的榜样，让我们感受着德耀中华的传统美德，也催生和呼唤更多的人性光辉，滋润着我们的生活更加美好。

精彩点评

八小时之内，王忠民是一位深受大家敬重的好检察官；八小时之外，他更是街坊邻里人人夸赞的孝老爱亲榜样。十几年来，王忠民无怨无悔地侍奉着父母双亲和岳母、妻妹，尽其所能善待孩子、晚辈和保姆，用真情谱写了一曲人间的爱之歌！

吴新芬：大爱无声撼天地

吴新芬（1975~　），河南省安阳县铜冶镇人，中共党员，现在禹州市教育局工作。

1995年4月，一个偶然的机会，吴新芬结识了在西藏高原服役的军人王俊景。从此，两人鸿雁传书、结下情谊。然而，灾难突如其来。1997年，王俊景替一个新兵接高压电线，被提前送电的高压电击中，四肢几乎烧成焦炭。先后3次转院、7次植皮、1次截肢，虽然脱离了生命危险，但双手却没有了。半年后，吴新芬得知这一消息，立即赶到王俊景治疗的医院。她看到了失去双臂、左腿严重致残、浑身被纱布包裹得只露出两只眼睛的王俊景。王俊景看到风尘仆仆的吴新芬，愣住了，半晌，才扯着嗓子吼道：“谁让你来的？你走！”吴新芬却表示：“即使你有1000个让我离开的理由，我也会找出1001个理由留下照顾你！”

格桑达瓦/新华

医生曾对王俊景下了“在床上度过余生”的结论，可吴新芬暗下决心，一定要让王俊景重新站起来。每天晚饭后，她就抱着王俊景的腰帮他练站立，跪在地上扶着他的左脚练。她还学会了按摩技术，坚持每天给王俊景做腿部按摩。在吴新芬的精心照护下，1998年6月，王俊景终于重新站了起来。吴新芬还特制了一个小木棍，帮助王俊景用嘴学着写字。经过一年多的苦练，王俊景不但练出了一“嘴”好书法，而且还能敲键盘打字，编发短信。

2002年，这对有情人终成眷属，并回到了王景俊的老家禹州市。王景俊家里有80岁的奶奶，年近半百的父母，还有一个身患脑瘫的哥哥。吴新芬毫无怨言，毅然挑起了全家生活的重担。为了增加收入，吴新芬蹬着借来的三轮车穿梭在大街小巷，捡垃圾、收破烂，把积攒下的钱买营养品。为了改善家里的经济状况，她还承包了10多亩贫瘠的山岗地，干起了从来没有干过的农活。在吴新芬的努力下，原来那个支离破碎的家又有了生气。

吴新芬说，“我只是做了我想做的和应该做的，我也获得了我应该获得的幸福和快乐。这一切和残疾无关。”她用踏实而幸福的生活态度，实践着和王俊景“共用一双手”的承诺。

精彩点评

她对军营是热爱的，对丈夫是挚爱的，她是丈夫隐形的臂膀，她是人间有形的真爱。

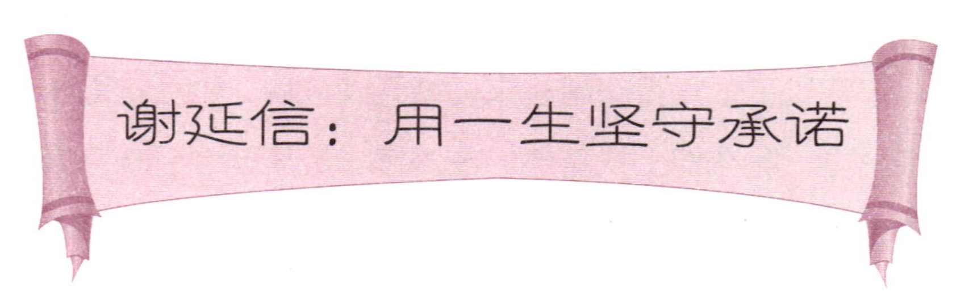

谢延信：用一生坚守承诺

谢延信（1952~　），河南省滑县半坡店乡车村人。焦煤集团鑫珠春工业公司机电科的一名普通员工。

谢延信原名刘延信。1974年，他新婚一年的妻子生下女儿后因产后风不幸去世，他主动承担起照料前妻父母和呆傻妻弟的责任。为使老人放心，他毅然改姓为谢。1979年，岳父突患脑中风，全身瘫痪。一老、一瘫、一傻、一幼，重担全部压在谢延信的身上。为照顾岳父一家，谢延信狠下心把5岁的女儿送回滑县老家，自己在焦作伺候老人。岳父瘫痪在床18年，他精心护理，端屎端尿，洗澡按摩，18年老人没有得过褥疮。为省钱给两位老人看病，他四处打零工，经常挖野菜、捡菜叶，连水果也没舍得给自己买过。岳母患有肺气肿、胃溃疡，丧失了劳动能力，内弟先

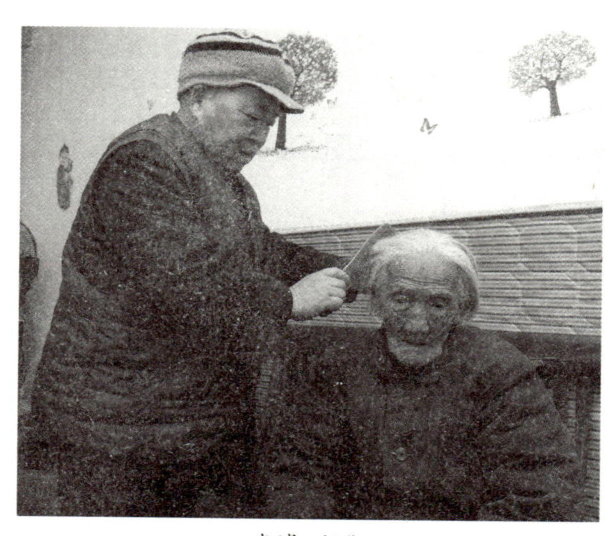

李博／新华

天呆傻。在岳父去世后，谢延信对他们的照顾更是尽心竭力。他以不放弃照顾前妻一家人为前提，多次拒绝组建新的家庭，直到丧妻10年后才与志同道合的谢粉香组成新的家庭。2003年，谢延信因脑出血落下了反应迟钝、行动不便的后遗症，他便让妻子来焦作共同照顾前妻一家。

谢延信对家庭的责任同样表现在工作中，无论是做掘进工还是值守瓦斯泵房，他总是立足岗位、忠于职守、兢兢业业，精心干好每一项工作。

家庭是什么，是人世间最可信赖的社会细胞。谢延信做到的不仅仅是孝，更是对家庭对亲人的忠诚，而社会需要的就是这种忠诚。

精彩点评

当命运的暴风雨袭来时，他横竖不说一句话，生活的重担压在肩膀上，他的头却从没有低下！用四十多年辛劳，延展爱心，信守承诺。他就像是一匹老马，没有驰骋千里，却一步一步地到达了善良的峰顶。

徐建威：为父采药十年不辍

徐建威（1990~　），共青团员，浙江省泰顺县乡村医生。

徐建威的父亲徐德铨生前是一个石匠，长期打石头使他患上了严重的矽肺病，1995年医生诊断他活不过3年。父亲生病后，母亲不辞而别，家里只剩下徐建威和比他大3岁的姐姐。姐姐到县城上学后，照顾父亲的责任，就全部落到了徐建威身上。

从5岁开始，徐建威就跟着仅有一点劳动能力的父亲上山采药。7岁时，父亲病情恶化，只能躺在家里靠草药和针剂维持生命。徐建威对父亲说："爸爸，我一定会找到治好你病的药。"从此，无论天气多么恶劣，山路多么崎岖，都没有阻止他寻药救父的步伐。每个周末和寒暑假，当别的孩子尽情玩耍的时候，徐建威却独自一人踏上艰难的采药之路，无论刮风下雪、寒冬酷暑，从未停歇。三伏天，他顶着烈日，在人迹罕至的山里，跋山涉水，多次中暑晕倒；三九天，他穿着单薄的衣服，走在冰天雪地里，衣裤全被打湿，手脚长满冻疮，但他从未想过退却。为了采到难得的草药，他经常爬上连成年人都不敢去的悬崖峭壁，有一次腰间的绳索断了，他被重重地摔到山崖下，昏迷了3个多小时。采药时，好几次遇到毒蛇、野猪，他都是躲在树上一动不动，一次次逃过劫难。他在日记里写道：“我非常害怕会被野兽吃掉，那样就没人照顾爸爸了。”

父亲的病情越来越重，吃喝拉撒都要有人照顾，更沉重的负担压在徐建威身上。为了学会给父亲打针，他就先在自己身上练，手臂上留下了密密麻麻的针孔。父亲的病必须保证每天定时进餐，而且不能吃生冷食品，他就每天早上5点起床，帮父亲做饭、喂饭、打针、排便，喂好家里的鸡和猪后自己才吃饭、上学；中午再从6千米外的学校跑着回家给爸爸做饭、喂饭，而他自己只能拿着饭又往学校跑。为了不拖累孩子，徐德铨几次试图轻生，但都被儿子一次又一次用孝心打消了念头。在徐建威的悉心照料下，父亲一次次闯过病危关，坚强地活了10年后去世。

徐建威床头有几本翻烂的中草药书和中草药笔记，上百种的草药，他都能够识别、采摘和使用。整整10年的采药救父之路，徐建威用稚嫩的双手延续着父亲脆弱的生命，书写出一段传奇。

精彩点评

他从5岁起在深山里为父亲采药，10年如一日风雨无阻，映照出了什么是爱，什么是孝道，什么是坚持，什么是感动。

徐雪莲：真爱大孝情暖人间

徐雪莲（1975~　），中共党员，青海省海北藏族自治州人民政府招待所副所长。

徐雪莲4岁半时，在煤矿工作的父亲胸椎粉碎性骨折，胸部以下失去知觉，高位瘫痪。13岁时，母亲不堪重负，离开了这个家庭。徐雪莲稚嫩的双肩，开始挑起了侍奉父亲、照顾弟弟的重担。为了减少父亲的痛苦，徐雪莲四处奔波，打听各种偏方，别人介绍的、报纸上刊登的都一一试用，中药、西药试了一样又一样。有段时间，父亲因为长年卧床，生了3个褥疮。雪莲就在每天晚上，半跪在床上给父亲用灯泡烤，一烤就是几个小时，直到疮位渗出血清，再用棉球小心地擦干，然后涂上敷料。有时父亲小便浸湿疮位，她耐心地重新开始治疗，一烤又是10多天，直到痊愈为止。

父亲常常大便干结，难以排解。徐雪莲每次都是用手和棉签把大便一点一点地抠出来。有时父亲小便失禁，尿在床上。为了让父亲有个舒适的床铺，她总是及时为父亲换上干净的床单。在换床单时，为了不让父亲难受，身单力薄的徐雪莲一边吃力而又小心翼翼地挪动父亲，一边轻手轻脚地把床单铺上。一个床单换下来往往要花去一个多小时，徐雪莲浑身早已被汗水湿透。

30多年来，徐雪莲几乎从未睡过安稳觉。她半夜要不时地起来看看父亲。无论什么时候，无论在干什么，只要听到父亲有个响动，她就要跑过去看看。为了不让父亲寂寞，她省吃俭用给父亲买来了电视机和收音机，平日里一有空儿，她就坐在床边陪父亲看电视，同父亲拉家常，讲笑话。用她的话说："为了父亲，我什么都舍得。"

面对瘫痪在床30多年的父亲，徐雪莲一直充满了感恩之情，把照顾父亲看作为人子女最天经地义的事情。她朴实无华的爱深深感动着周边的每一个人。

精彩点评

30多年如一日，徐雪莲伺候瘫痪的父亲，照料年幼的弟弟，诠释着人世间的至爱亲情。

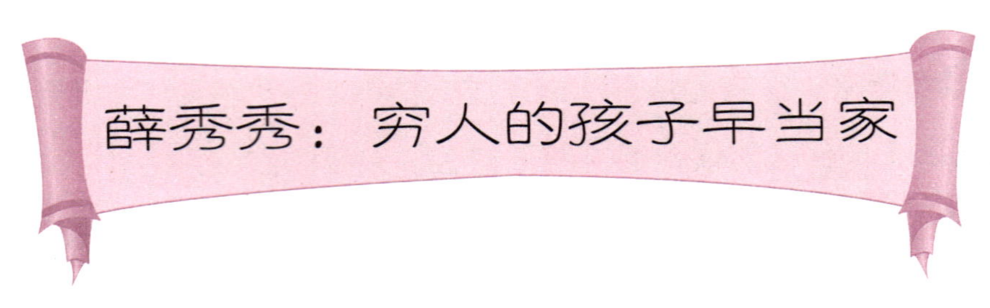

薛秀秀：穷人的孩子早当家

薛秀秀（1993~　），共青团员，陕西省周至县骆峪初级中学学生。

薛秀秀3岁时，父亲因病去世。10岁时，母亲不堪重负离家出走。爷爷体弱多病，奶奶因过度劳累患上了脑血栓瘫痪在床。为了支撑这个破碎的家，薛秀秀主动承担起了做饭洗衣、砍柴喂猪等家务活，默默承受着与年龄不符的压力。

2005年，年近七旬的爷爷眼患白内障。全家境况雪上加霜，从此家庭的重担全部落在了这个年仅12岁女孩的身上。但是，她没有向命运低头。每天东方欲晓时，薛秀秀家的灯就亮了，她已经早早起床、梳洗完毕，开始为全家人做早饭，然后将家里打扫得干干净净。饭后，她带着弟弟到离家1.5千米的学校去上学。下午放学后，她又急急忙忙赶回家，抓紧时间做作业，照顾卧病在床的奶奶，为全家人做晚饭。平日里，她不光为全家人洗衣服，还为奶奶梳头、擦洗身体，常常累得筋疲力尽，有时坐在水龙头旁边洗着洗着衣服就睡着了。几年来，她就这样不怕苦、不怕累，无微不至地照顾着家人。

奶奶去世后，薛秀秀在乡亲们帮助下安葬了奶奶。家里没有一点经济收入，她不断帮爷爷出主意、想办法。2007年春天，村上把她们家确定为低保户，她和爷爷用领到的第一笔低保款买回了20只小鸡和一头小猪。从此，薛秀秀比以前更加忙碌了，每天放学后赶紧出去打草，第二天又早早起来喂猪、喂鸡。2007年3月，爷爷成功地做了白内障手术。

多年来，面对生活的磨难和繁重的家务，薛秀秀从来没有抱怨，她说："我虽然没有爸爸、妈妈的温暖，但有一颗激情燃烧的心。我和弟弟一定会好好读书，把经历的磨难变为人生的财富。"

精彩点评

面对一个又一个家庭变故，年幼的薛秀秀选择了坚强面对，用稚嫩的双肩挑起生活的重担，用多年如一日的行动，展现了新一代青少年秉承美德、孝老爱亲的优秀品质。

杨凤清：用无私的爱书写人生的精彩

杨凤清（1962~　），内蒙古自治区呼伦贝尔市根河市新兴社区居民。

冬天，天不亮她就起床，轻轻地把炉火生好，然后去贮木场或河套边用人力手推车捡碎烧柴。常常是头发、棉袄都被汗水浸透了。夏天，别人还在酣睡的时候，她已经早早在菜园子里开始了一天的劳作，除草、打垄、嫁秧、育苗、播种。为了解决家里最基本的生活费和维持孩子、老人、丈夫的医疗费，杨凤清卖过货，当过钟点工，刷过墙，清过林。林区的活，她都干过。

生活中，为了让家里的每一个人吃好、穿好、过好、开心，她尽可能地节约每一分钱，从来舍不得为自己买衣服。为了让家人高兴，她想尽办法调节家庭氛围，常常顾不上疲劳，有时间就给婆婆讲笑话，给丈夫唱歌，给孩子讲故事，逗得全家人常常是合不拢嘴。无论多苦多难，她始终把快乐挂在脸上。有人不理解，说她没长心，这种日子还乐得出来？面对这些议论，她总是一笑了之。

她省吃俭用攒钱给孩子做了一次手术，可术后并不理想，孩子的大腿和椎骨流脓。婆婆一急上火了，犯了心脏病，得了脑溢血，住进了医院。丈夫一着急，小便失禁，病情也加重了，对她大发脾气。面对这一切，她感觉自己快要崩溃了。可当看到病床上躺着的婆婆、孩子和丈夫，一种责任感在呼唤着她：这个家离不开她。她咬紧牙，把委屈和泪水咽到了肚子里，她频繁往返在医院和家之间，乐观地鼓励着家中的每一个人。她的坚韧，感动了丈夫、婆婆，感动了邻居，也感动了身边的每一个人。

为了早日给孩子治好病，也为了省钱，她自己学会了扎针、配药、熬药，每天还要坚持给丈夫洗澡、喂饭、剪指甲，无论多忙也忘不了照顾婆婆。

日子，就这样平淡而无声无息地流逝着。20多年，她付出的心血是难以计算的。她无怨无悔，矢志不渝地劳作着，默默无闻，像一棵小草，用爱心和行为奏响了一曲当代女性的孝老爱亲之歌。

精彩点评

俗语说：幸福的家庭都是相同的，不幸的家庭各有各的不幸。她家中的四口人，年迈的婆婆瘫痪在床，双目失明的丈夫需要照料，儿子身患腰椎结核。她不离不弃，独自扛起了生活的重担。

杨建琴：柔肩担起四世同堂

杨建琴（1957～　），中共党员，江苏省常州市溧阳钱家社区居委会党支部书记、主任。

1980年，杨建琴嫁到钱家村一户四世同堂的家庭，成了这个十几口人家的大儿媳。杨建琴的丈夫在外地当矿工，工资微薄，不能常回家。婆婆残疾，大姑是弱智，小叔和小姑年龄尚小，杨建琴成了家里的顶梁柱。白天，杨建琴忙完田头忙灶头，又要侍候婆婆、照顾大姑。晚上，她经常熬到深夜加工服装补贴家用，一年下来，她的体重降了近40斤。8年间，她先后为4个姑叔操办了婚事。

俗话说，久病床前无孝子。可杨建琴却以自己的实际行动谱写了一曲“久病床前有孝媳”的赞歌。

外祖母年老体弱，平时很少下床。老人胃口不好，一般东西都吃不动。杨建琴想方设法为她开“小灶”。每次老人大小便失禁，杨建琴总是端屎端尿，没有半句怨言。

外祖母肠胃不好，经常闹肚子，身上床上全都弄脏，杨建琴帮她擦洗得干干净净。

2005年，原本就残疾的婆婆不幸得了尿毒症，每周要做两次血透，还要补蛋白、补血、补钙，一个月花费几千元。对此，杨建琴没有要姑叔分摊，而是独自担起了救治婆婆的重担。2006年她甚至把为女儿办婚事的8000元钱也用作了婆婆的治疗费。

身为社区居委会主任和党支部书记，杨建琴对全社区居民同样关爱备至。一场大火，将拾垃圾为生的朱老太的多年积蓄化为乌有，杨建琴东拼西凑了1350元塞给老人。五保户钱海林病重，杨建琴主动掏钱为他买营养品，并经常端茶送水到老人床边，直到老人去世。

道德是一种财富，需要我们精心呵护；道德是一种精神，需要我们不断发扬；道德是一种火焰，需要我们添禾加柴；道德更是一种力量，需要我们共同传递。“好媳妇”成了杨建琴的代名词。如今，尊老孝亲在钱家社区蔚然成风。

精彩点评

30多年来，她以柔弱的双臂支撑了一个四世同堂的家庭，并将关爱延伸至身边的人。

杨进刚：用爱心谱写中华孝道新篇

杨进刚（1968~　），壮族，云南省文山壮族苗族自治州砚山县平远镇回龙村村民。

1988年，经人介绍，杨进刚与陈国兰相识。陈国兰家有5个姐妹，没有儿子，最小的妹妹患有小儿麻痹症，父母有意招个上门女婿养老。知道陈家的想法后，杨进刚心里很矛盾，因为自己的父母也需要照顾。杨进刚的父母看出了儿子的心事，对他说："人不能只为自己，陈家更需要你！"就这样，杨进刚踏进了陈国兰家。

当时，陈国兰患小儿麻痹症的小妹只有5岁。看到小妹趴在门口望着别的小孩背着书包去上学时羡慕的眼神，杨进刚下决心要让小妹上学。他和妻子牵着小妹的手帮助她蹒跚学步，鼓励小妹不要放弃站起来的希望。经过3年多的不懈努力，小妹终于能够拄着拐杖自己走路了，她的脸上露出了少有的笑容。无论刮风下雨，杨进刚都像亲哥哥一样，始终坚持接送小妹上学。在夫妻俩的共同抚育下，两个妹妹相继成人出嫁。

婚后第六年，当杨进刚正准备凑钱盖房子时，岳父脖子上突然长出了两个肿瘤，他立即将老人送到医院做手术。多年的积蓄被一场疾病全部夺走，生活顿时陷入困境。老人后来又出现了肌肉萎缩，最后竟瘫痪在床。多年来，杨进刚悉心照顾两位行动不便的亲人。老人瘫痪在床，经常大小便失禁，他二话不说给老人擦身子，换洗被褥。平时，他一有空便陪伴在老人身边，同他拉家常，还时常帮老人起卧、挪动。1999年7月，瘫痪的岳父突然又得了脑瘫，生命垂危。杨进刚夫妇赶紧把老人送到医院进行抢救，一场手术下来又花掉2万多元。为了凑够继续治病的钱，他毅然决定把家里唯一的一头耕牛卖掉，东拼西凑总算保住了老人的命。

之后，他和妻子没日没夜地干活攒钱，终于如愿以偿盖起了新房，一家人高兴地搬进了宽敞明亮的大瓦房。在残联的关照下，小妹进了附近一家福利厂工作，并与同厂的一名工人结了婚。杨进刚担心小妹夫妻俩生活不便，又腾出两间新房给他们居住。小妹常说："如果没有我哥，就不可能有我的今天！他就是我的亲哥哥！"在夫妻俩不懈的努力下，2011年，瘫痪10余年的岳父奇迹般地能坐起来了。老人家激动地说："我能有今天，全是因为我有这样一个好女婿。"

没有惊天动地的壮举，没有感人肺腑的语言，杨进刚用朴实、善良、真诚面对着生活、照顾着家人。多年来，杨进刚的一言一行感动着村里村外的老老少少，他的事迹广为流传。

精彩点评

多年来，杨进刚用宽厚的心、勤劳的双手和结实的肩膀与妻子一起悉心照料瘫痪在床的岳父及患有先天小儿麻痹症的小姨妹，为不幸的家庭撑起一片爱的晴空……

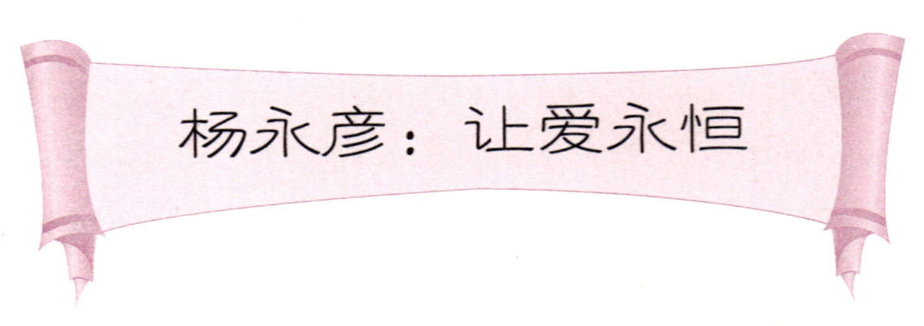

杨永彦：让爱永恒

杨永彦（1963~　），甘肃省金昌市永昌县焦家庄乡陈家寨村四社村民。

杨永彦的家庭生活曾经是和和美美的。她的丈夫周明学是永昌县汽车运输公司的修理工，家境相比同村的其他村民，条件还算不错。然而，天有不测风云，一场突如其来的灾难降临：2007年年初，丈夫周明学在工作岗位上晕倒，经医院检查确诊，他患的是双侧肾功能衰竭。丈夫得知病情后，整天忧心忡忡。丈夫的心事，杨永彦心里清楚。她暗自下定决心，再难也要治好丈夫的病。半年时间里，她领着丈夫从武威到兰州，再到西安的好几家医院，一次又一次的透析，丈夫的病情不见好转，换肾是唯一的希望了。

在丈夫确诊后的半年里，因为没有肾源，医院对他实施血液透析保守治疗。每次透析治疗，看着丈夫痛苦的样子，杨永彦心里都很难受。眼看半年过去了，肾源还是没有着落。医生说如果找不到合适的肾源，再拖下去，治疗的难度就更大了。周明学有4个兄弟姊妹，但是和他的血型全都不相配，只有年近70的母亲和他相配，可让老母给他捐肾很不现实，弄不好得折两条人命；一对儿女才刚刚成人，也不能让他们捐肾。经化验，杨永彦的血型正好与丈夫相同。等不及了，她悄悄找到大夫，说只要能治好丈夫的病，她愿意捐献自己的肾。在杨永彦的一再要求下，医生被感动了。接着，她又苦劝丈夫同意了她的决定。2007年7月15日，在兰大二院化验室前的走廊里，杨永彦感到这天的阳光格外明亮。她和丈夫来做肾源配型检查，检查的结果让她高兴得直掉眼泪。她和丈夫的配型比高达37.5%，比医学要求的比例高出了12.5个百分点。

2007年7月底，杨永彦和丈夫再一次来到了西安交大附属医院肾移植中心准备做手术。手术的前一天晚上，她抱着丈夫的头，擦拭着他一直流个不停的泪水说:“只有你健康地活着，才有我们全家的幸福。只要人在，什么都会有的……”8月1日，医生对杨永彦和周明学成功实施了肾脏移植手术。

“给你一个肾，救活咱全家”，他们的生活仍然艰难而拮据，但是，他们却坚信，有爱，才是最幸福的人。

精彩点评

一个普通农家妇女，为挽救丈夫的生命，毅然决然地走向手术台，把自己的肾移植到丈夫的身体里，再次点燃了丈夫的生命，用真挚的爱支撑起一个家庭……

曾存粮：兄弟高义薄云天

曾存粮（1970~　），湖南省衡阳市飞翔大桶饮用水厂厂长。

曾存粮的弟弟曾桂粮于2002年创办了“飞翔”纯净水公司。经过6年的艰难打拼，公司的生意蒸蒸日上，曾存粮为此感到由衷高兴。可万万没想到，2008年初弟弟曾桂粮不幸遭遇一场车祸，致使胰腺断裂。高昂的手术费让曾存粮这个硬铮铮的汉子非常犯愁。但他没有一丝迟疑：要救弟弟，也要救“飞翔”！从那一天起，曾存粮开始了两点一线的生活：这一头，为弟弟昂贵的医疗费四处奔波；那一头，又为“飞翔”的发展殚精竭虑。

弟弟住院每天都有成千乃至上万元的开销，一旦欠费，药品就会断供。为了筹集弟弟的医疗费，曾存粮将亲戚朋友借了个遍。他往往是白天从经销点收水钱，晚上就跑去医院交费，一次次拿着一大把零零碎碎的水费维持着弟弟宝贵的生命。然而，维持了几个月，曾桂粮最终因医治无效去世。

曾桂粮住院期间，曾家共欠下27万元的债务；清理弟弟遗物时，又发现投资办厂时的借款27万元未还。曾存粮主动要求承接“飞翔”水厂，偿还合计高达54万余元的巨债。

第二天，曾存粮就请来十余位除直系亲戚之外的债主，列出了一份详细的欠款单，并当场重开欠条，将弟弟的债务收归自己名下。面对大家，他郑重承诺："请给我3年时间，这些债我一定还，一分不少，全部还清。"在场债主无不动容。

父债子偿，天经地义。弟债兄还，义盖云天。接过水厂厂长的担子与沉重的债务，曾存粮起早贪黑，更加辛勤。在短短几个月时间里，他就将保险获赔的7万元和经营收益6万余元全部用于偿债，一步步履行着自己的承诺。经过四年的艰辛努力，他已坚强地兑现了他的承诺，54.5万元巨债全部还清。

兄爱如山，兄爱如海。在弥漫着浓浓的亲情中，他挺起不屈的脊梁，郑重而坚强地演绎着对弟弟那份血浓于水、高尚纯洁的深情大爱。

精彩点评

一场车祸，弟弟留下巨额债务走了，哥哥主动挑起还债重担，演绎出一场感人至深的旷世兄弟情。

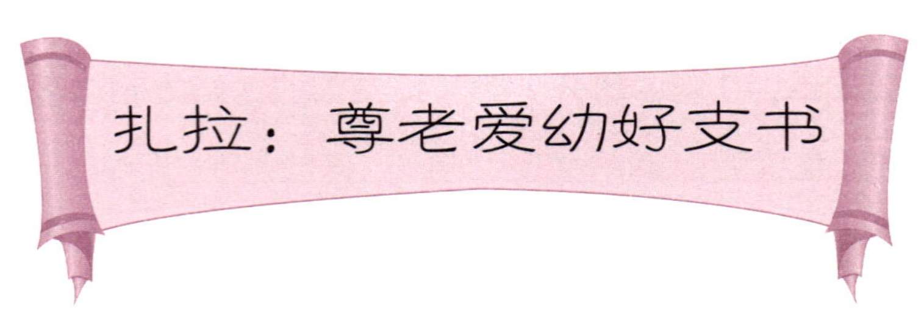

扎拉：尊老爱幼好支书

扎拉（1961~　），藏族，中共党员，西藏自治区当雄县格达乡羊易村党支部书记。

扎拉家境贫困，父亲早逝，母亲体弱多病。几十年来，他自强不息，孝敬父母，照顾家庭，挑起照顾全家的重担。同时，自上任羊易村党支部书记以来，他视当地群众为亲人，带领全村人民走上脱贫致富的道路。在父母眼里他是一个孝顺的儿子；在妻子眼里他是一个体贴的丈夫；在儿女眼里他是一个慈祥的父亲；在乡亲们眼里他是一个热心的支书。他孝老爱亲的事迹在羊易村广为传颂。

扎拉从小就懂得尊老爱幼，孝敬父母。他担任羊易村党支部书记后，日夜操劳，仍然不忘侍奉慈母。每天早上第一件事就是去看望母亲，抽时间把行动不便的老人背出去晒晒太阳，陪她说说话。遇到天气变化的时候，问寒问暖，帮老人加减衣服。遇到有机会外出，他会问母亲需要什么，回家时给母亲带回需要的用品和好吃的东西。在母亲住院期间，他白天上班，晚上陪床照顾，好几天没睡一个囫囵觉。母亲对来看望的亲戚们说："这么多年来，多亏了我的儿子，同时也拖累他了，有这么好的儿子，我有福啊！"每当这个时候，扎拉总是憨笑着说："这是儿子应该做到的本分事。"

在他长时间的言传身教下，年幼的儿子懂得了孝敬老人的道理。他经常告诫兄弟姐妹们，孝顺父母不仅是为人子女应尽的责任，也是教育后代的重要方式。

作为村党支部书记的扎拉视人民为父母，视群众为亲人。为了让五保户老人住上新房，他亲自为五保户运送建材；风雪之夜，他把难产妇女及时送到医院，终于母子平安。2008年发生大地震，他"舍小家、顾大家"，组织力量抢救了被埋压的23名幸存牧民群众，而他82岁的老母亲和1岁半的小孙女却被残酷的震灾夺走了生命。他强忍悲痛，继续带领干部群众抗震救灾，重建家园。工作之余，他常独自守在母亲遗像前，默默地流泪。

扎拉一心为民，用自己的行动实践着"百善孝为先"的传统美德，深受牧民群众的拥护和爱戴，被人们亲切地誉为"活雷锋"。

精彩点评

在父母眼里他是一个孝顺的儿子；在妻子眼里他是一个体贴的丈夫；在儿女眼里他是一个慈祥的父亲；在乡亲们眼里他是一个热心的支书。

扎西白珍：为爱守候十七载

扎西白珍（1942~　），藏族，西藏自治区拉萨市交通局退休职工。

扎西白珍出生于拉萨市统战人士家庭，从小受到良好的教育和父辈的影响，使她养成了勤劳善良、乐于助人、为人诚恳的品格。经人介绍，她与退伍复员进藏工作的耿明祥相识相恋，并最终结为连理。结婚后，两人相亲相爱、互相扶持、相濡以沫，成了邻里交口称赞的和谐幸福家庭。

1992年，不幸降临到这个家庭。丈夫因长期在西藏高原交通运输线工作，患上了高原性心脏病、阻塞性肺病、肝硬化等多种疾病，卧倒在床，家里所有重担都落在了扎西白珍身上。面对生活完全不能自理的丈夫，扎西白珍克服种种困难，付出了常人难以想象的艰辛，每天坚持为丈夫擦身、换衣，照料大小便等。

由于丈夫长期生病，家里花销特别大，扎西白珍又没有工作，只能依靠丈夫的退休工资来维持日常生活开销和支付丈夫治病的费用，家里经济非常困难。她省吃俭用，几年舍不得买一件衣服，但是给丈夫治病却毫不吝惜。为了给丈夫治病，扎西白珍把自己的首饰全部变卖，并四处奔走借钱。丈夫患有严重的痛风，晚上经常疼得睡不着觉。

扎西白珍听人说国外有一种药品治疗痛风效果好，就想方设法托人买来给丈夫使用，有效地减轻了丈夫的痛苦。医生说丈夫需要补充营养，她就把娘家陪嫁的一对珊瑚卖掉，托人买来几十根虫草给丈夫滋补身体。丈夫消化吸收不好，她就把虫草磨成细粉熬粥给丈夫喝，经过两个多月的连续服用，丈夫的身体果然有了明显好转。

随着年纪越来越大，扎西白珍承受的身体和心理压力也越来越大，可她从没一句怨言。她说："作为妻子，自己和孩子是丈夫在西藏仅有的亲人，绝不会丢下他不管。"有人劝扎西白珍说："耿师傅的病那么严重，用再高级的营养品也没什么大用，何必花那些冤枉钱呢？"扎西白珍说，只要能使他身体好一点，花多少钱也值得。虽然家里条件艰苦，但扎西白珍从没有向组织提过任何要求。自治区总工会和丈夫单位领导逢年过节慰问时，每次问她有什么要求，她总是对家里的困难闭口不提。

扎西白珍，就是这样一位普通的藏族妇女，一位平凡而又伟大的妻子，用一辈子的爱践行着对丈夫不离不弃的诺言，用一辈子的情谱写了一曲响彻高原的道德之歌。

精彩点评

扎西白珍，一位平凡的藏族妇女，二十几年如一日，悉心照料重病卧床的丈夫，任劳任怨，不离不弃，为了能治好丈夫的病四处奔走、寻医问药，展示了一段人间最朴实、最真实的爱。

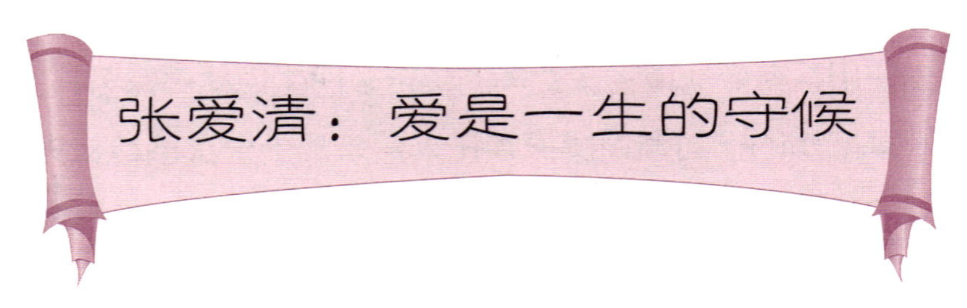

张爱清：爱是一生的守候

张爱清（1974~　），福建省长乐市金峰镇华阳村村民。

1996年夏天，张爱清的前夫因车祸身亡。此时，他们举办婚宴刚刚过去20天。由于丈夫是再婚，留给张爱清的是他前一段婚姻中8岁的女儿和患哮喘病的母亲、瘫痪在床的父亲。面对这场突如其来的变故，张爱清必须做出艰难的选择。走，固然一身轻松，但前夫一家老小怎么办？虽然结婚只有20天，但毕竟相恋两年。留下来，意味着要担当起赡养老人、抚育小孩的重担。亲友建议，趁自己年轻又没孩子，赶紧再寻一门好亲事；娘家人也给她张罗了好几个条件不错的对象。但张爱清与前夫的爱情是真诚的，她毅然选择留下，撑起这个家！

为养活一家子，张爱清从金峰纺织厂拿些材料回来做蚊帐，在家中做起计件工人。但一个月几百元的收入，远远不够支撑整个家庭的费用，于是她又扛起了锄头，帮人种地。收获的地瓜、苦瓜和青菜，除了够全家人吃，还能卖点钱。她的勤奋使婆婆逢人便夸，在8岁的女儿眼中这个“姨”就是她的亲妈妈。

那几年，一大早张爱清就与婆婆一起将早饭弄好后送女儿上学，回来下地干活。到了中午又要接孩子、做午饭、洗全家的衣服，下午又下地干活。到了晚上还要织蚊帐，一直忙到深夜。有一年，日子清苦到要靠娘家人救济渡过难关。但张爱清从无半句怨言。

丈夫出事后，对上门提亲的，张爱清提出了苛刻的条件：结婚后，男方要住在前夫家中，与女方一起赡养照顾前夫的父母，供女儿读书。这样的条件使一些人打了退堂鼓。但闽侯南屿的农民罗友强被张爱清的高尚情怀所打动，毅然接受了条件，与张爱清结婚了。罗友强的到来，让张爱清的负担减轻了许多。

不久，不幸又一次降临到这个家。2003年，70多岁的公公突然中风倒地，半身瘫痪。此后，张爱清和丈夫把生活的重心放在照料这个瘫痪的老人身上。上洗手间，要两个人一起扶；吃饭，张爱清得一口一口地喂。为了给老人治病，罗友强到外地一家钢铁厂打工，把每月工资大部分寄回家。为了多拿一些奖金，罗友强留在厂里加班，好几年没有回家过年。

现在，前夫的女儿长大了。站在前夫的坟前，张爱清觉得没有遗憾，因为前夫留下的责任，她尽到了。

精彩点评

她的名字叫“张爱清”，与“爱情”谐音。她用13年的执着，诠释着仅仅20天的婚姻生活背后深深的爱情。

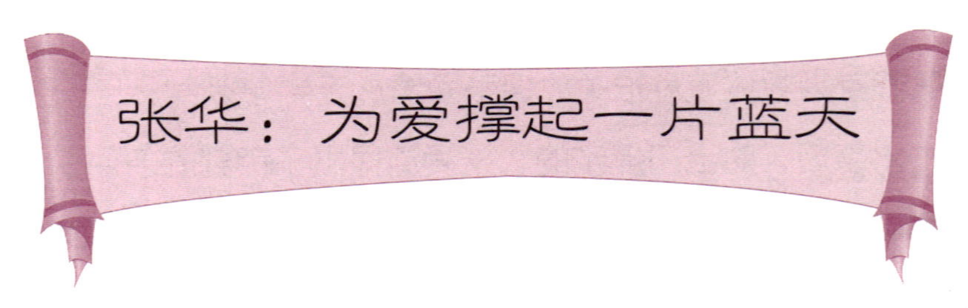

张华：为爱撑起一片蓝天

张华（1962~　），中国工商银行甘肃酒泉分行员工。

张华1979年参加工作，1987年调入中国工商银行甘肃酒泉分行。她在平凡的出纳岗位上默默奉献，一干就是20多年。她用辛勤的汗水和不凡的业绩，赢得了全行员工的尊重和客户的赞誉。她曾多次代表酒泉分行参加全省组织的业务技术比赛，每次都能取得好成绩。

她原本有一个温馨而美满的家。天有不测风云，1997年盛夏，张华的丈夫不幸颈椎骨骨折，颈部以下高位截瘫，完全丧失了生活自理能力。接着她小叔子又因病双目失明，公公婆婆在重大的打击下一病不起。她把痛苦埋在心底，以博大的爱心与情怀，为丈夫、为孩子、为公公婆婆、为这个不幸的家撑起了一片蓝天。从那时起，她奔波在事业和家庭两个“战场”上，艰难地负重前行。服侍瘫痪的丈夫，照料读书的儿子，安慰年迈多病的公公婆婆，照顾双目失明的小叔子。她以自己的顽强和坚韧温暖着这个苦难的家，用善良和真爱维系着一家三代人的生存希望。她每天比别人都要早起一个多小时，给丈夫穿衣、洗脸、刷牙、喂饭等，然后匆匆去上班。下班回来她要做家务，督促年幼的儿子学习，照看公公婆婆和小叔子，常常忙到深夜。为了使丈夫长期不能活动的肌肉不萎缩，她每天都给丈夫按摩、擦洗。每当夜深人静他人进入梦乡的时候，她还要多次起床，为丈夫翻身、盖被子。丈夫看到她为了这个多难的家辛苦劳累的样子，十分愧疚，不忍长期拖累爱妻。有几次张华将热腾腾的饭菜端到丈夫面前，丈夫不肯吃，侧过脸生自己的闷气。面对这样的情况，她总是微笑着，像哄小孩一样，哄丈夫开口吃饭。在她的细心照顾下，丈夫的身体至今没长过褥疮，肌肉也没见萎缩。医生感慨地说："奇迹，这真是个奇迹！"尽管承担着沉重的家务，但张华对工作仍然勤勤恳恳，兢兢业业，业绩优秀。

张华，一个默默无闻的平凡人，却用质朴的感情、执着的担当、厚重的责任，践行了中华民族的传统美德。

精彩点评

大爱无疆，大情无界，大孝无言。张华默默地铭记着这些话，十几年如一日，用行动为爱撑起一片蓝天。

张建霞：捐肝儿媳 感天动地

张建霞（1982~ ），河北省行唐县龙州镇西关村村民。

2007年4月的一天，张建霞的公公被医院确诊为早期肝癌。这对一个幸福安定的家庭来说，无疑是一个晴天霹雳。为了给公公治病，张建霞和丈夫领着公公去了北京301医院。医生告诉他们，目前最好的治疗方法是肝移植，但要等待有配型合适的肝源。

就在一家人因肝源问题一筹莫展时，平时连说话都柔声细语的张建霞却勇敢地瞒着家人做了化验，在确定能为公公做肝移植时，她平静而坚决地对丈夫和婆婆说："用我的，我是O型血。"婆婆当时就掉了泪："建霞，你有这个心我就知足了，怎么能用你的肝？你爹你娘只有你一个闺女，孩子还小，你要有个好歹咱家可怎么过？你父母怎么活？不行！"公公也坚决地摇头："不行，天底下没有这样的事，宁可不治了，回家等死，也不能让儿媳妇捐肝。"张建霞劝说："爹、娘，别人能捐，我就能捐，我年轻，恢复起来也快，你们不同意，就是不把我当自家人。如果因为没有肝源我爹不在了，我能给爹捐却没捐，一辈子也不会心安的。"在张建霞的坚持下，为公公捐献肝脏的手术方案定了下来，医生严肃地告诉张建霞需要移植她2/3的肝脏。在医生的努力下，肝移植手术取得了成功。

从事旅馆经营的张建霞不仅讲孝顺，而且重信义。几年间她拾到十几部手机、5万多元现金，还有一块价值2000余元的手表，全部归还失主。手术后不久一次到北京301医院复查时，她在医院捡到一个皮包，里面有身份证、银行卡及1万多元现金。她不顾虚弱的身体，坚持在原地站了近40分钟才等到失主，拾金不昧，完璧归赵。

张建霞以实际行动谱写了孝老、敬老、爱亲、救亲的人间大爱。现在，她积极投身各项社会公益活动中，用自己的经历告诉大家，孝敬父母是幸福的事。

精彩点评

我希望尽一份绵薄之力，用爱去温暖身边更多的人。

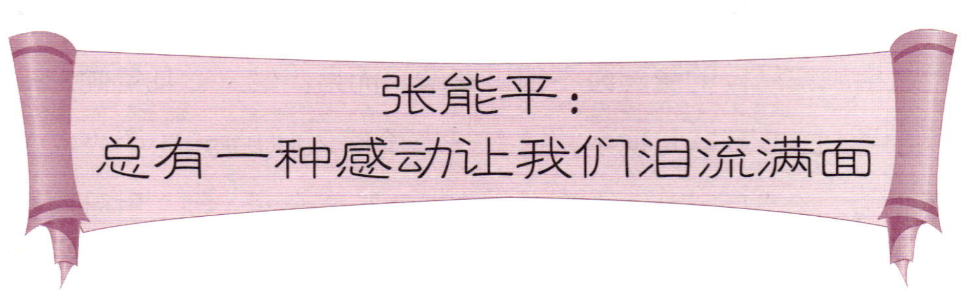

张能平：总有一种感动让我们泪流满面

张能平（1955~　），江苏省淮安市盱眙县马坝镇山北村村民。

张能平的大姑子查秀民13岁时从牛背上跌落下来，身体瘫痪，从此卧床不起。17岁那年，又一种怪病向她袭来，手指、脚趾溃烂，失去了手指头。从1971年嫁到查家开始，张能平就一口一口给查秀民喂饭，小心翼翼地给她穿衣服，一次次给她铺床、端屎、倒尿。查秀民说，如果不是弟媳40多年的照顾，自己早就没了！

张能平夫妻结婚10年才有了孩子查波。虽然生活负担很重，日子过得很清贫，但张能平始终没有减少对大姑子的关爱。查波小时候穿着打补丁的裤子，可查秀民从没有穿过打补丁的衣服。查波上大学和读研期间，张能平一家更是“吃紧”。偏在这时，查秀民多次生重病，张能平为她花去医疗费数万元。有一年，查秀民生病昏迷不醒，家里甚至给她准备了后事。在这样的情况下，张能平也没有放弃。听说有一种药草能救治姐姐，张能平便到山上到处找，找到后熬成药水给她喝。奇迹出现了，查秀民竟然真的好了起来！

40多年来，在张能平的体贴照顾下，查秀民的身体状况很不错，身上从没有得过褥疮。衣服也干净整洁，头发一丝不乱。精神头也很足，喜欢和人拉家常。除了照料生活起居，张能平一刻也没有忘记对查秀民的精神关爱。每天，她都要抽出时间用轮椅推着查秀民到家前屋后转转。查秀民无意中流露出想念远在扬州的妹妹查秀云了。张能平克服旅途不便，毅然将查秀民送到扬州，在查秀云家小住了四五天，了却了查秀民在有生之年要亲自到妹妹家看看的夙愿。前年，张能平请来亲朋好友热热闹闹地给查秀民过了60岁生日。张能平和查秀民的姑嫂情感动了身边的所有人，也感染着周边的村民。村里的老人总会这样对儿媳妇说："你再难，还能比上张能平！"

一个人做一两件孝事并不难，难的是长久坚持，难的是无怨无悔，难的是40多年如一日的坚持。可她却说："孝敬老人是做儿女的天职，照顾大姑子更是我的责任，从嫁到查家那天起我就已经把大姑子看成了我的亲人。四十年了我们不仅是亲人，也是知心朋友，生活中都不能少了彼此。能让大姑子生活得舒服，我做得再多也无怨无悔。"几句纯朴的话，却让我们看见了一颗善良的心，一种朴实的中华传统美德。

精彩点评

在家庭关系中，姑嫂关系被人们看作比婆媳关系更难解开的"疙瘩"。然而，张能平用她的行动，演绎了一段至真至善、至纯至美的长达40多年的"姑嫂情"。

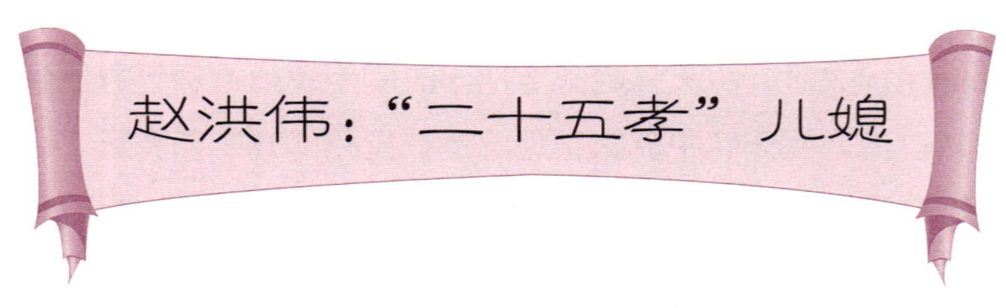

赵洪伟："二十五孝"儿媳

赵洪伟（1972~　），吉林省公主岭市岭西街西胜委居民。

赵洪伟的婆婆患有严重的精神疾病，一发病就指着赵洪伟的鼻子破口大骂，不让她进屋，给她起外号，还诬赖她偷东西。1998年婆婆又由于突发脑出血造成半身瘫痪，随时有生命危险。在这种情况下，赵洪伟辞掉工作，回家照顾婆婆。

2002年，婆婆再次突发脑出血住院，抢救过来后变得毫无意识，不能自主进食。赵洪伟想到自己喂幼小女儿的方法，她先把一匙粥放到自己嘴里，又俯身对准婆婆的嘴，没想到婆婆竟张开嘴，用舌头舔她嘴里的粥。此后赵洪伟就这样一口一口地喂婆婆。两个月后，婆婆开始恢复意识，连医生都惊叹："我们认定了无法好转的人，愣是被这儿媳给喂了回来，真是好样的。"

为了防止婆婆长期卧床长褥疮，赵洪伟每天给老人隔一小时翻一遍身，然后再帮老人做按摩，舒活筋骨。由于婆婆身体瘫痪，不好穿衣服，赵洪伟就自己给老人设计了宽松的衣服。

1999年，赵洪伟的公公患上了动脉硬化闭塞症被送到医院截肢，截肢后老人伤口久不愈合，不得不先后又做了5次截肢手术，现在双腿几乎完全被截掉。赵洪伟为了防止老人长褥疮，她每隔两小时便把老人抱到轮椅上坐坐，100多斤的体重累得她满头大汗。两位老人生活都不能自理，赵洪伟每天要洗50多块尿布，夜里还要分别为两位老人翻身10多次。吃饭时，两位老人都靠喂，别人10分钟吃顿饭，可赵洪伟往往要花40多分钟喂老人，等她自己吃饭时，饭早就凉透了。

十几年来公公婆婆多次住院抢救、平时治疗疾病，支出了大笔费用，使赵洪伟的家庭经济拮据。为了挽救公公婆婆的生命，赵洪伟几乎卖掉了家里所有值钱的东西。一次，赵洪伟无意中看到有人收购头发，卖价可观。于是她每次梳头都会把掉下的头发捋好攒起来，然后卖钱，给老人买点水果吃。为了省去打针的手续费，她和丈夫互相做实验，学会了打针。她每次都攒着打完点滴的瓶子，为了多卖些钱，她把瓶子和瓶盖分开来卖。

邻居说："有好几次，我看见赵洪伟婆婆被痰卡住了，她拿来吸管把痰先吸到自己嘴里再吐掉，这样的儿媳真是没有见过，也没有听说过。古代有个'二十四孝'，她都赶上二十五孝了。"

面对别人的称赞，她总是淡淡地说："我只是在尽儿媳、妻子、母亲的责任。"她是孝媳、是贤妻、是良母，她在用自己的言行传承着中华民族的传统美德。

精彩点评

面对双双瘫痪在床、生活完全不能自理的公婆，赵洪伟尽心照料，多次把老人从死亡线上挽救了回来。

周喜花：用爱让失聪儿童开口说话

周喜花（1970~　），中共党员，新疆维吾尔自治区伊犁哈萨克自治州霍城县二中英语教师。

1994年深秋，在产房里待了整整一天的周喜花终于听到了一对双胞胎儿子的哭声。怀着对孩子的美好期望，她给孩子起名叫健健、康康。但是命运似乎有意捉弄她，健健在1岁半时，被确诊为聋儿。她跑遍了北京、上海等地的著名医院，结果都没法改变健健听力损失115分贝的状况；而康康在3岁时也因感冒造成药物致聋。命运就这样把周喜花逼入了绝境，除了勇敢地面对，别无选择。周喜花下定决心要与命运再搏一次。

尽管有思想准备，可聋儿训练是难上加难。每天和孩子脸对脸不停地说，为了让孩子感受到声带与舌位的变化，她将孩子的手放进自己口中、喉部，一个发音、一个字、一句话地去教，一遍、两遍、十遍、百遍、千遍地练习，一个月过去了，一年过去了……整整14年，功夫不负有心人，2000年，健健和康康不仅奇迹般地学会了开口说话，还与正常孩子一样走进了学校大门。

周喜花的故事经媒体报道后，许多聋儿家长上门求助。看到孩子和家长恳切求助的眼神，2000年，周喜花在自己条件异常艰苦的情况下，开办了一个聋儿康复训练班。从此，她和一群聋哑孩子的身影成了当地一道独特的风景。没有教具，她就带着孩子们到服装店里找不要的硬纸壳，回来自己动手做成教学卡片；没有训练设备，她就十次、百次、千次地一个音一个音地对口型。2000年至今，她与丈夫成功地让50多名聋哑儿童走进了有声的世界，改变了他们的人生命运。

从两个失聪孩子的母亲到成功康复数十名听障儿童的“周妈妈”，周喜花用她的执着和善良、才华和智慧，展现出了新疆女性“自尊、自信、自立、自强”的新女性形象。她创造了一个几乎不可能造就的奇迹，她实现了一个难以实现的梦想；她使聋儿能听到母亲爱的呼唤，她使“无言”的孩童能叫一声“妈妈”。是爱，一个美丽而执着的大爱，造就了这奇迹和梦想。

精彩点评

20年前，她的人生与聋儿教育结下了不解之缘。多年来，她历尽艰辛，不仅让自己的双胞胎聋哑儿子学会了说话，而且还创办了“博爱聋童语训中心”，让50多名聋哑儿童走进了有声的世界。

朱清章：用爱唤醒沉睡31年养母

朱清章（1950~　），内蒙古自治区包头市石拐区矿务局河滩沟矿二采区退休职工。

任军川／新华

1975年冬天，朱清章的母亲生火时不慎将省吃俭用的一千多块钱给烧掉了，气急攻心，突发脑溢血摔倒了。经过内蒙古医院救治半年后，命总算是保住了，却成了植物人。为了给母亲看病，朱清章欠下4000多块钱的外债，一家人的生活捉襟见肘。这个时候父亲又因工伤患了外伤性震颤麻痹综合征，后来发展成半身不遂，躺在床上不能动弹。年轻的朱清章独自撑起了这个家。两位老人病倒没多久，朱清章从邻居那儿得知了自己被抱养的身世，但是他没有丢弃这对养育过自己的苦命夫妻。

1977年，张凤英看上了老实厚道、心地善良的朱清章，走进了他的生活。常年床前伺候，朱清章成了半个医生。每天，他都要给母亲按摩，从腿部到头部，拍打、滚动、搓揉，一次至少半个小时。婚后，朱清章就和妻子一道承担起伺候两位病人的责任。洗衣按摩、帮老人擦洗身体都井井有条，勤快的张凤英把老人和家里都打理得干干净净，光屎尿布就准备了五六十块，朱家门前常年飘扬的布头成了邻居们眼中熟悉的风景。

1997年，瘫痪在床14年的父亲去世了。两年后张凤英患胃癌也离开人世。朱清章似乎一下子垮了下来，但母亲还在，需要他的照料。他坚强地挺了过来。2004年，朱清章照例一大早来到母亲的床边，给她擦洗身体，念叨念叨这两天街坊里发生的新鲜事儿。就在他转身准备离开的时候，奇迹发生了，母亲竟然伸出手拉住了他，用两个手指头捏起一块鸡蛋，示意要他吃进嘴里。母亲的手能动了，朱清章高兴地流下了泪水。2006年春节，朱清章在火炉上烧了一壶水便出去劈柴。十几分钟后，他再回到屋里吃惊地发现母亲竟然一只手拎着壶站在火炉边。

尽管遭过许多罪，受过许多累，但朱清章一直笑对人生。31年的生命守候，31年的不离不弃，终于迎来了希望。他的坚强、孝顺和爱心得到了回报。如今，80多岁的老太太不仅能下地行走，还能自己生火、做饭，一家人其乐融融，尽享着天伦之乐。

精彩点评

大爱无声！朱清章奉行的孝道，展示的爱心，是百善之首，是人性之基，彰显了炎黄子孙的人性之美，光大了中华民族的传统美德，续写了“老吾老以及人之老，幼吾幼以及人之幼”的文明华章。

附录：感动中国2002~2013年度人物

2002

郑培民：权为民用利为民谋

他身居高位而心系百姓，他以“做官先做人，万事民为先”为自己的行为标准，直到生命的最后时刻仍然不忘自己曾经许下的诺言。他树立了一个共产党人的品德风范，他在人民心里树立起一座公正廉洁为民服务的丰碑。

张荣锁：太行赤子

他已经拥有了财富，但他心里装着还在贫苦生活中的乡亲；他已经走出了大山，但他还想让所有乡亲都能够走出与世隔绝的山崖。他成就了一个多少代人未能实现的梦想，他拿出愚公移山的执着和勇气劈开了大山，在悬崖峭壁上为乡亲们开凿出通往外面世界的大道，更在人们的心中打开了一扇希望之门。它结束了一段贫困的历史，开创出一种崭新的生活。

王选：嘹亮的号角

她用柔弱的肩头担负起历史的使命，她用正义的利剑戳穿弥天的谎言，她用坚毅和执着还原历史的真相。她奔走在一条看不见尽头的诉讼之路上，和她相伴的是一群满身历史创伤的老人。她不仅仅是在为日本细菌战中的中国受害者讨还公道，更是为整个人类赖以生存的大规则寻求支撑的力量，告诉世界该如何面对伤害，面对耻辱，面对谎言，面对罪恶，为人类如何继承和延续历史提供了注解。

刘姝威：痛并快乐着

她用自己的大智大勇向一个虚假的神话提出质疑，面对一个强大的集团，面对一张深不可测的网，面对死亡的威胁，她以自己个人的力量坚持着这场强弱悬殊的战争，坚守着正义和良心的壁垒。正是这种中国知识分子的风骨，完美地证明了中国还有一双揉不进沙子的眼睛，推动了中国股市早日走上正轨，推动了中国经济的发展。

张瑞敏：精神是太阳

无论在种种赞誉和表彰中，或是在种种质疑和非议中，他都一如既往。以自己的创新与开拓树立了来自东方的产品品牌；以自己的智慧和魄力打造出与时俱进的企业文化；以自己的胆识和勇气缔造着融入世界的品牌传奇。

张前东：矿山铁汉

他在灾难发生的时候做出了一个伟大的选择，虽然他自己已经远离了死亡的阴影，但他却又一次奔向了死神，为的是把生命的阳光同样带给在死神面前挣扎的同伴。他无畏、清醒、果敢，他的人格光辉照亮了黑暗的矿道，照亮了几百个矿工的生命，更照亮了人们的心灵。

黄昆：固体物理学先驱

他一生都在科学的世界里探求真谛，一生都在默默地传递着知识的薪火，面对名利的起落，他处之淡然。他不仅以自己严谨和勤奋的科学态度在科学的领域里为人类的进步作出卓越的贡献，更以淡泊名利和率真的人生态度诠释了一个科学家的人格本质。

姚明：篮球巨人

他用高超的体育技能，在一个强手如林的国家运动项目中占有了一席之地，成就了很多人的梦想，更成为中国人的骄傲。他出色的表现和随时听从祖国召唤的爱国精神，使他带给人们的思考已经远远超过了体育本身。对祖国的情感，对现在的把握和对未来的期待，都将使他成为中国体育和NBA的历史人物。

赵新民：热血铸警魂

他出于人民警察的天职，无畏地走向危险。这一刻他无需选择，因为走向危险已经是他的职业习惯，因为在选择做警察的时候，他已经准备好了这一刻。在爆炸带走一个朝气蓬勃的生命的同时，人们的心灵也被强烈地震撼。

濮存昕：留点缺憾是力量

他用人们熟悉的微笑温暖着艾滋病患者的心，他紧握艾滋病患者的双手，传递着社会对他们的关爱，更传播着艾滋病知识，激发着人类战胜这个世界杀手的勇气。他把人们对他的喜爱和信任再度回报给社会，投入到社会公益事业中，以公众人物的号召力，承担起社会责任。

三峡移民：舍小家为大家

2003

杨利伟：航天英雄

那一刻当我们仰望星空，或许会感觉到他注视地球的目光。他承载着中华民族飞天的梦想，他象征着中国走向太空的成功。作为中华飞天第一人，作为中国航天人的杰出代表，他的名字注定要被历史铭记。成就这光彩人生的，是他训练中的坚韧执着，飞天时的从容镇定，成功后的理智平和。而这也是几代中国航天人的精神，这精神开启了中国人的太空时代，还将成就我们民族更多更美好的梦想。

钟南山：以无畏感动中国

面对突如其来的SARS疫情，他冷静、无畏，他以医者的妙手仁心挽救生命，以科学家实事求是的科学态度应对灾难。他说：“在我们这个岗位上，做好防治疾病的工作，就是最大的政治。”这掷地有声的话语，表现出他的人生准则和职业操守。他以令人景仰的学术勇气、高尚的医德和深入的科学探索给予了人们战胜疫情的力量。

陈忠和：给命运做二传手

他带领女排赢得了久违的胜利，而他的贡献不仅仅在于一座阔别了17年的奖杯，更重要的是，他把自己对人生不幸坎坷的生活态度融入到体育事业中，他不仅在教女排姑娘们怎样打球，更在引导女排如何面对人生荣辱，他使女排真正感受到什么是体育的魅力，他使女排和他一样，无论面对成功还是失败总能面带微笑。这种微笑出自内心，也因此更加动人。

尾山宏：以正义感动中国

一位70岁的日本老人，承受着巨大的压力，用自己大半生的时间对日本政府侵华战争的罪行进行着不懈的追问。在他身上，人们看到了跨越国家和民族的正义力量，这力量启示着人们，在捍卫正义的道路上，人们可以超越一切界限，而唯一不能失去的就是正义响在心中的声音。

梁雨润：为了那种揪心的痛

他视百姓为衣食父母，他以人民利益为根本利益。他有着高度的责任感和使命感，他始终不渝地追求着为老百姓办事的政治理想，而这种追求需要莫大的正气和勇气。这样的为官生涯，架起了执政党和百姓之间的桥梁，完整地体现出一个执政党的执政原则：立党为公，执政为民，而这正是百姓和国家的希望所在。

巴金：做一个战士

穿越一个世纪，见证沧桑百年，刻画历史巨变，一个生命竟如此厚重。他在字里行间燃烧的激情，点亮多少人灵魂的灯塔；他在人生中真诚地行走，叩响多少人心灵的大门。他贯穿于文字和生命中的热情、忧患、良知，将在文学史册中永远闪耀着璀璨的光辉。

高耀洁：不懈防艾路

这是一位步履蹒跚的老人，但她在实现“但愿人皆健，何妨握独贫”的人生理想的道路上却迈着坚定的脚步。她以渊博的知识、理性的思考驱散着人们的偏见和恐惧，她以母亲的慈爱、无私的热情温暖着弱者的无助冰冷。她尽自己最大的力量推动着人类防治艾滋病这繁重的工程，她把生命中所有的力量化为一缕缕阳光，希望能照进艾滋病患者的心间，照亮他们的未来。

达吾提·阿西木：废墟中挺起的脊梁

他隐藏起最深重的悲痛，他紧握心灵的伤口，在他那颗流血伤痛的心里还装着更多的村民。他以一个共产党员对群众朴素的感情，在百姓中传播着温暖；他以舍我其谁的气魄，在危难的时候担当起百姓的精神支柱；他在废墟中挺起脊梁，他的坚强和无私为刚刚经历了噩梦的村民们撑起重建家园的希望。

成龙：演绎精彩艺术人生

作为演员，他对事业的执着追求和顽强的拼搏精神，演绎了精彩的艺术人生，在国际影坛展现出中国影人的形象，为世界打开了一扇了解中国文化的窗口；作为公众人物，他对国家的情感和对社会的爱心影响着他人，在最需要的时候鼓舞着人们的信心，传递着人与人之间的温情。

衡阳武警消防兵

他们以火一样的激情投身火场，他们怀揣群众利益走向危险，他们用自己的生命捍卫了他人的生命，捍卫了武警消防兵这个崇高的职业。那壮烈的一幕将永存史册，他们勇往直前、舍生忘死的英雄气概更将长留在人们心里，那将是对什么是敬业精神的最好诠释。

2004

中国女排

曾经沸腾了一代国人的热血，也在中国人心里留下长达20年的期待。2004年的一天，于无声处，绝地反击。是她们，让最后的希望攀援着意志的臂膀上升，直到最后一记重扣敲响欢庆的锣鼓。金牌唤回曾经的光荣，胜利开启崭新的梦想。

刘翔：真的冠军

12秒91，他实现了一次伟大的跨越，100年来的中国纪录成了身后的历史，十重栏杆不再是东方人的障碍，因为中国有刘翔，亚洲有刘翔！这个风一样的年轻人，他不断超越，永不言败，代表着一个正在加速的民族。他身披国旗，一跃站在世界面前。

任长霞：警魂不朽

她是中原大地上又一个女英雄。扫恶打黑，除暴安良，她铁面无私；嘘寒问暖，扶危济困，她柔肠百转。十里长街，白花胜雪，挽幛如云，那是流动在百姓心中的丰碑！一个弱女子能赢得百姓的爱戴，是因为，在她的心里有对百姓最虔诚的尊重。

明正彬：刀尖上的舞者

刀尖上的舞蹈，之所以能够夺人心魄，那是因为铁与血的交响。明正彬就是在刀尖上跳舞的人。在毒贩子面前，他吓不怕，买不动，难不倒；毒贩子在他手下，过不去，藏不住，逃不掉。因为有他和他的战友，人们才能享受阳光灿烂。

袁隆平：杂交水稻之父

他是一位真正的耕耘者。当他还是一个乡村教师时，已具有颠覆世界权威的胆识；当他名满天下时，却仍专注于田畴。淡泊名利，一介农夫，播撒智慧，收获富足。他毕生的梦想，就是让所有的人远离饥饿。喜看稻菽千重浪，最是风流袁隆平。

徐本禹：用责任托起明天的太阳

如果眼泪是一种财富，徐本禹就是一个富有的人。在过去的一年里，他让人们泪流满面。从繁华的城市走进大山深处，他用一个刚刚毕业的大学生稚嫩的肩膀，扛住了倾颓的教室，扛住了贫穷和孤独，扛起了本来不属于他的责任。也许一个人的力量还不能让孩子眼睛铺满阳光，爱，被期待着。徐本禹点亮了火把，刺痛了人们的眼睛。

田世国：捐肾救母的亲情绝唱

一个儿子在2004年把他生命的一部分回馈给病危的母亲。在温暖的谎话里，母亲的生命也许依然脆弱，但孝子的真诚已坚如磐石。他让天下的母亲收获慰藉。

梁万俊：智勇双全真英雄

鹰是天空中最娴熟的飞行家，但他有比鹰还要优秀的飞行技能。万米高空之上，数险并发之际，他从容镇静，瞬间的选择注定了这次飞行像彩虹一样辉煌。生死八分，惊天一落，他创造了奇迹。

孙必干：战火中不辱使命

他于花甲之年临危受命，远离故土只为续写使命传奇。为了达成和平，他游刃于战火之间；为了挽救生命，他斡旋在死亡边缘。“苟利国家生死以，岂因祸福趋避之。”2004年，这个老人不知疲倦地奔走，前方，是他必赴的使命；身后，是让他骄傲的祖国。

牛玉儒：党和人民不会忘记

风雨人生、利弊得失，他兢兢业业地遵循着“位卑未敢忘忧国”的祖训。为官一任，他给人们留下激情燃烧的背影，让精神穿越时代长青。他让活着的人肃然起敬；他让天空成为雄鹰的故乡。

桂希恩：大医精诚

他清贫而充实，温和而坚定。仁者的责任让他知难而上。他让温暖传递，他让爱心汇聚，直到更多人向弱者张开双臂，直到角落里的人们看到春天。他不惧怕死亡，因为他对生命有更博大的爱。

2005

魏青刚：搏击巨浪勇救人

沧海横流，方显英雄本色！为了一个陌生人，他在滔天巨浪中三进三出，危险面前，他根本不需要选择，因为这瞬间动作源自内心品质。从人群中一跃而出，又悄然回到人群中去，他，是侠之大者。

丛飞：把时间献给孩子

从看到失学儿童的第一眼到被死神眷顾之前，他把所有时间都给了那些需要帮助的孩子，没有丝毫保留，甚至不惜向生命借贷，他曾经用舞台构筑课堂，用歌声点亮希望。今天他的歌喉也许不如往昔嘹亮，却赢得了最饱含敬意的喝彩。

黄伯云：15年铸成倚天剑

这个和世界上最硬材料打交道的人，有着温润如玉的性格，渊博宽厚，抱定赤子之心；静能寒窗苦守，动能点石成金。他是个值得尊敬的长者，艰难困苦，玉汝以成，三万里回国路，二十年砺剑心，大哉黄伯云！

李春燕：照亮苗乡的月亮

她是大山里最后的赤脚医生，提着篮子在田垄里行医，一间四壁透风的竹楼，成了天下最温暖的医院，一副瘦弱的肩膀，担负起十里八乡的健康，她不是迁徙的候鸟，她是照亮苗乡的月亮。

洪战辉：带着妹妹上大学

当他还是一个孩子的时候，就对另一个更弱小的孩子担起了责任，就要撑起困境中的家庭，就要学会友善、勇敢和坚强。生活让他过早地开始收获，他由此从男孩开始变成了苦难打不倒的男子汉，在贫困中求学，在艰辛中自强，今天他看起来仍然文弱，但是在精神上，他从来是强者。

陈健：37年坚守诺言

一个生者对死者的承诺，只是良心的自我约束，但是他却为此坚守37年，放弃了梦想、幸福和骨肉亲情，淡去红火的时代背景，他身上有古典意识的风范，无论在哪个年代，坚守承诺始终是支撑人性的基石，对人如此，对一个民族更是如此。

邰丽华：无声世界创造美丽

从不幸的低谷到艺术的巅峰，也许你的生命本身就是一次绝美的舞蹈，于无声处，展现生命的蓬勃，在手臂间勾勒人性的高洁，一个朴素女子为我们呈现华丽的奇迹，心灵的震撼不需要语言，你在我们眼中是最美。

杨业功：中国军人的旗帜

铸就长缨锐旅，锻造导弹雄师。他用尺子丈量自己的工作，用读秒计算自己的生命。未曾请缨提旅，已是鞠躬尽瘁。天下虽安，忘战必危，他是中国军人一面不倒的旗帜！

王顺友：马班邮路的铁汉

他朴实得像一块石头，一个人一匹马，一段世界邮政史上的传奇，他过滩涉水，越岭翻山，用一个人的长征传邮万里，用二十年的跋涉飞雪传心，路的尽头还有路，山的那边还是山，近邻尚得百里远，世上最亲邮递员。

费俊龙、聂海胜：飞天英雄

谁能让全世界五分之一的心灵随着他们的节奏跳动五天五夜，谁能从前所未有的高度见证中国实力的飞跃，他们出征苍穹，划出龙的轨迹，升空日行八万里，巡天遥看一千河，他们是中国航天的黄金一代。

青藏铁路的建设者

每当汽笛声穿过唐古拉山口的时候，高原上的雪山、冻土、冰河，成群的藏羚羊，都会想念他们，想念那些有力的大手和坚强的笑容。他们能驱动钢铁，也会呵护生命。他们，是地球之巅的勇者；他们，缔造了世界上最伟大的铁路！

2006

丁晓兵：独臂英雄

这个用左手敬军礼的人，我们以他为骄傲。战时敢舍身，平时能忘我，从逆境中挣扎启程，在顺境中保持清醒。沙场带兵敢称无愧无悔，把守国门能说有骨有节。他像一把号角，让理想与激动，在士兵心中蔓延。

一条臂膀，也能撑起血染的军旗，他是真的勇士！

王百姓：一个不能出错的人

10年时间，1.5万多枚炸弹，专门与危险打交道。谁能不害怕，平常人只要一次遭遇炸弹，就已经惊心动魄了。而他和我们一样，有家有妻有娃，只不过头顶上有警徽、警徽上有国徽，所以他才把家人的担忧、战友的期盼，一肩担起。

王百姓时时命悬一线，老百姓才能天天平安。

华益慰：值得托付生命的人

不拿一分钱，不出一个错，这种极限境界，非有神圣信仰不能达到。他是医术高超和人格高尚的完美结合，他用尽心血，不负生命的嘱托。

一辈子做一件事：就是对得起病人；爱人知人，医乃仁术，大医有魂。

霍英东：聚财有道，散财亦有道

生于忧患，以自强不息成就人生传奇；逝于安乐，用赤诚赢得身前身后名。他有这样的财富观：民族大义高于金钱，赤子之心胜于财富。他有这样的境界，达能兼济天下。

聚散有道，义利兼能，五星和紫荆维系他一生的光荣。

季羡林：最难时也不丢掉良知

智者永，仁者寿，长者随心所欲，曾经的红衣少年，如今的白发先生，留得十年寒窗苦，牛棚杂忆密辛多，心有良知璞玉，笔下道德文章。一介布衣，言有物，行有格，贫贱不移，荣辱不惊。

学问铸成大地的风景，他把心汇入传统，把心留在东方。

叶笃正：天之风云可测

风华正茂时，已是奠基人，古稀之年依然是开拓者，让外国人同我们接轨，这是一个年过九旬的大学者的大气象，笑揽风云动，睥睨大国轻。

定力与信念，让他上下求索，天问的路上，生命融入科学。

孔祥瑞：平凡中的伟大

不管什么时代，劳动者都是社会的中流砥柱，但是在今天更值得尊敬的还应该是那些不仅贡献汗水，还贡献智慧的人，150项革新，给国家带来8000万效益，这就是一个蓝领工人的成就。

在轻视铁锤的时代，工人何为？他说：全世界的门吊，我都能开。在英雄辈出的年代，工人有为！

林秀贞：孤寡老人的好女儿

用三十载爱心，让一村之中，老有所终，幼有所长，鳏寡孤独废疾者皆有所养。富人做这等事是慈善，穷人做这等事是圣贤，官员做这等事是本分，农人做这等事是伟人，这位农妇让九州动容。

善良在村庄中流淌，她用三十载的热心，去温暖世道。

黄舸：感恩之旅

我们需要静下心来体会这个场面，一个四肢无力的孩子，每天都在和死神赛跑，跋山涉水，万里迢迢，他就像一小截被命运丢弃的蜡烛，善良的人点亮他，他就欢快地燃烧起来，藏起眼泪，还给人们光明和希望。

生命的倒计时，滴答滴答，扯住人们的心弦，人生路上，他是阳光少年。

微尘

他来自人群，像一粒尘土，微薄，微细，微乎其微。寻找不到，又随处可见。他自认渺小，却塑造了伟大，这不是一个人的名字，这是一个城市的良心。

微尘有心，微尘有情，尘埃落定，大爱无声！

2007

钱学森：中国航天事业奠基人

在他心里，国为重，家为轻，科学最重，名利最轻。5年归国路，10年两弹成。开创祖国航天，他是先行人，披荆斩棘，把智慧锻造成阶梯，留给后来的攀登者。他是知识的宝藏，是科学的旗帜，是中华民族知识分子的典范。

李剑英：英雄试飞员

烟笼大地，声震蓝天。星陨大地，魂归长天，他有22年飞行生涯，可命运只给他16秒！他是一名军人，自然把生命的天平向人民倾斜。飞机无法转弯，他只能让自己的生命改变航向。

钟期荣、胡鸿烈：香港教育界的传奇夫妻

贤者伉俪，本可锦衣玉食，却偏偏散尽家产，一生奔波。为了学生，甘为骆驼。与人有益，牛马也做。我们相信教育能改变社会，而他们为教育做出楷模。

孟祥斌：为救落水者牺牲的年轻军人

风萧萧，江水寒，壮士一去不复返。同样是生命，同样有亲人，他用一次辉煌的陨落，挽回另外一个生命。别去问值还是不值，生命的价值从来不是用交换体现。他在冰冷的河水中睡去，给我们一个温暖的启示。

方永刚：把忠诚献给最壮丽的事业

一个真正的战士，在和平年代也能找到自己的方向；一个忠诚的战士，在垂危的时候，不会忘记自己的使命。他是一位满怀激情的理论家，更是敢于奉献生命的实践者。在信仰的战场上，他把生命保持在冲锋的姿态。

李丽：湖南张海迪

残疾打不垮、贫困磨不坏、灾难撞不倒，坚强和她的生命一起成长。身体被命运抛弃，心灵却唱出强者的歌。五年时间，温暖八万个冰冷的心灵，接受、回报、延伸，她用轮椅为爱心画出最美的轨迹。

闵恩泽：创新之花常开不败

在国家需要的时候，他站出来！燃烧自己，照亮能源产业。把创新当成快乐，让混沌变得清澈，他为中国制造了催化剂。点石成金，引领变化，永不失活，他就是中国科学的催化剂！

陈晓兰：坚守医德无私无畏

虽千万人，吾往矣！曾经艰难险阻，她十年不辍，既然身穿白衣，就要对生命负责，在这个神圣的岗位上，良心远比技巧重要得多。她是一位医生，治疗疾病，也让这个行业更纯洁。

谢延信：细心侍奉亡妻家人33年

当命运的暴风雨袭来时，他横竖不说一句话，生活的重担压在肩膀上，他的头却从没有低下！用三十多年辛劳，延展爱心，信守承诺。他就像是一匹老马，没有驰骋千里，却一步一步地到达了善良的峰顶。

罗映珍：700个日夜唤醒沉睡爱人

把爱人从沉睡中唤醒，是生命的奇迹，还是心灵的力量？她用一个传统中国女人最朴素的方法诠释了对爱人不离不弃的忠贞。甜蜜不是爱情的标尺，艰难才能映照爱情的珍贵。

特别奖：嫦娥一号研发团队

他们同舟共济、众志成城的团结合作，是“嫦娥”成功奔月的强大动力；他们知难而进、百折不挠、求真务实、科学严谨的工作作风让嫦娥的舞姿如此精准完美；他们“一切为了祖国，一切为了成功”的航天精神永恒地镌刻在浩瀚无垠的太空。

2008

唐山13位农民：大爱至善

不是归途，是千里奔波，雪中送炭；不是邻里，是素不相识，出手相援。他们用纯朴、善良和倔强的行动，告诉了我们“兄弟”的含义。

李桂林、陆建芬：烛照深山

在最崎岖的山路上点燃知识的火把，在最寂寞的悬崖边拉起孩子们求学的小手，19年的清贫、坚守和操劳，沉淀为精神的沃土，让希望发芽。

武文斌：死得光荣

山崩地裂之时，绿色的迷彩撑起了生命的希望，他树起了旗帜，自己却悄然倒下，在那灾难的黑色背景下，他26岁的青春，是最亮的那束光。

经大忠：中流砥柱

千钧一发时，他振聋发聩，当机立断；四面危机时，他忍住悲伤，力挽狂澜！他和同志们双肩担起一城信心，万千生命。心系百姓、忠于职守，凸显共产党人的本色。

李隆：男儿榜样

火场、废墟，有多少次出生入死，就有多少次不离不弃。他用希望扩展希望，用生命激活生命。

韩惠民：这就是爱

他用百姓最朴素的方式，回答了生活中最为深奥的问题：有比爱情更坚固的情感，有比婚姻更宏伟的殿堂，34年的光阴，青丝转成白发，不变的是真情。

金晶：大写尊严

那是光荣的一刻！她以柔弱之躯挡住残暴，她用美丽的微笑，传递力量。她让全世界读懂了奥运的神圣和中国人的骄傲。

张艺谋奥运团队：华彩惊世

长卷舒展，活字跳跃；圣火激荡，情感喷放。他们用人类共通的语言，让五千年文明跃然呈现，那一夜，中国惊艳世界。

吉吉：点燃生命

白的雪，红的火，刺骨的风，激荡的心。鹰失去了同伴，但山的呼唤让她飞得更高。她，是高山上绽放的雪莲。

“神七”航天员：傲拓天疆

中国人的足迹，从此印进寥廓而深邃的星空，当他们问候世界的时候，给未来留下了深远的回声。

特别奖：全体“中国人”

2008年的中国经历了太多悲怆和喜悦，在抗击暴风雪、抗震救灾、举办奥运会、“神七”航天员太空漫步等事件中，中国人用坚韧、勇敢、智慧向世界展示了令人震撼的民族力量。

2009

卓琳：平凡至伟

彩云之南的才女，黄土高原上的琼英。携小平手五十八载，硝烟里转战南北，风雨中起落同随。对她爱的人不离不弃，让爱情变成了信念。她的爱向一个民族的崛起，注入了女性的坚定、温暖与搀扶。

朱邦月：一家之主

这个奇特的家庭，集中了世界上最多的苦难，也凝聚了人间最真的情感。头发花白，面带微笑，这个温和而坚定的老人，胸中盛满四十年的艰难。他这支拐杖，是一家人的翅膀。他这双肩膀，扛住了生命的重量。

阿里帕·阿力马洪：母爱最真

不是骨肉，但都是她的孩子，她展开羽翼，撑起他们的天空。风霜饥寒，全都挡住，清贫劳累，一肩担当。在她的家里，水浓过了血，善良超越了亲情。泉水最清，母爱最真！

沈浩：践行信念

两任村官，六载离家，总是和农民面对面，肩并肩。他走得匆忙，放不下村里道路工厂和农田，对不住家中娇妻幼女高堂。那一年，村民按下红手印，改变乡村的命运；如今，他们再次伸出手指，鲜红手印，颗颗都是他的碑文。

李灵：心灵放歌

一切从零开始，从乡村开始，从识字和算术开始。别人离开的时候，她留下来；别人收获的时候，她还在耕作。她挑着孩子沉甸甸的梦想，她在春天播下希望的种子。她是八零后。

翟墨：云帆沧海

古老船队的风帆落下太久，人们已经忘记了大海的模样。六百年后，他眺望先辈的方向，直挂云帆，向西方出发，从东方归航。他不想征服，他只是要达成梦想——到海上去！一个人，一张帆，他比我们走得都远！

陈玉蓉：母爱齐天

这是一场命运的马拉松。她忍住饥饿和疲倦，不敢停住脚步。上苍用疾病考验人类的亲情，她就舍出血肉，付出艰辛，守住信心。她是母亲，她一定要赢，她的脚步为人们丈量出一份伟大的亲情。

张正祥：勇者无敌

生命只有一次，滇池只有一个，他把生命和滇池紧紧地绑在了一起。他是一个战士，他的勇气让所有人胆寒，他是孤独的，是执拗的，是雪峰之巅的傲然寒松。因为有这样的人，人类的风骨得以传承挺立。

萨布利亚·坦贝肯：光明心生

她看不到世界，偏要给盲人开创一个新的天地。她从地球的另一边来，为一群不相识的孩子而来，不企盼奇迹，全凭心血付出，她带来了光。她的双眼如此明亮，健全的人也能从中找到方向。

宋文骢：壮志凌云

少年伤痛，心怀救国壮志；中年发奋，澎湃强国雄心。如今，他的血液已流进钢铁雄鹰。青骥奋蹄向云端，老马信步小众山。他怀着千里梦想，他仍在路上。

何东旭、陈及时、方招等勇救落水儿童的大学生集体

他们用19岁的肩膀铸造生命之梯，他们的行动体现了当代大学生的社会责任感。

2010

钱伟长：科学泰斗

从义理到物理，从固体到流体，顺逆交替，委屈不曲，荣辱数变，老而弥坚，这就是他人生的完美力学，无名无利无悔，有情有义有祖国。

孙水林、孙东林：信义兄弟

言忠信，行笃敬，古老相传的信条，演绎出现代传奇。他们为尊严承诺，为良心奔波，大地上一场悲情接力。雪夜里的好兄弟，只剩下孤独一个。雪落无声，但情义打在地上铿锵有力。

才哇：玉树不会忘记的康巴铁汉

对乡亲有最深的爱，所以才不眠不休，对生命有更深的理解，所以才不离不弃，铁打的汉子，是废墟上不倒的柱，不断的梁。他沉静的面孔，是高原上最悲壮的风景。

郭明义：雷锋传人

他总看别人，还需要什么；他总问自己，还能多做些什么。他舍出的每一枚硬币、每一滴血都滚烫火热。他越平凡，越发不凡；越简单，越彰显简单的伟大。

王伟：舟曲之子

大雨滂沱，冲毁了房屋掩埋了哭喊。妻儿需要你的肩膀，而人民更需要你的脊梁。五百米的距离，这个战士没有回家，那个最漆黑的夜晚，他留给自己一个永远不能接起的电话，

留给我们一种力量。

王万青：草原曼巴

只身打马赴草原，他一路向西，千里万里，不再回头。风雪行医路，情系汉藏缘。四十载似水流年，磨不去他对理想的忠诚。春风今又绿草原，门巴的故事还会有更年轻的版本。

王茂华、谭良才：烈焰之中筑大爱

烈火是一场生死攸关的测试，生命是一道良知大爱的考验，你们用果敢应战，用牺牲作答！一对侠义翁婿，火海中三进三出，为人们讲述了什么是舍生忘死，人间挚爱！

何祥美：三栖尖兵

百折不挠，百炼成钢，能上九天，能下五洋，执着手中抢，百步穿杨，胸怀报国志，发愤图强。百战百胜，他是兵中之王！

刘丽：最美洗脚妹

为什么是她，一个瘦弱的姑娘，一副疲惫的肩膀。是内心的善良，让她身上有圣洁的光芒。她剪去长发，在风雨里长成南国高大的木棉，红硕的花朵，不是叹息，是不灭的火炬。

孙炎明：警界保尔

重犯监室年年平安，而自己的生命还要经历更多风险。他抖擞精神，让阳光驱散铁窗里的冰冷，他用微笑诠释着什么是工作，用坚强提示着什么是生活。人生都有同样的终点，他比我们有更多坦然。

特别奖

① **海地中国维和英烈：**中国人为和平付出了生命的代价，那一刻，感动的不只是中国，还有世界。维和英雄，浩气长存。

② **K165次列车乘务组：**临危不惧，让我们看到了工作态度；而临危不乱，让我们看到了职业水准；正是这个团队，成了奇迹创造者。

③ **中国志愿者：**也许我们已经习惯了志愿者就在我们的身边，我们更要习惯，我们自己也是志愿者当中的一个。在2010年不同的背景上，我们在玉树、在舟曲、在世博、在亚运，在那些鲜为人知的地方，都可以看到志愿精神在闪耀。我们把它转变成一颗又一颗志愿的心。属于志愿者的奖杯应该颁给太多太多的人，它属于你，属于我，属于他。让这个奖杯在人群中传递，在你的手中传递。就像一个邀请，你，也是志愿者当中的一员。让它，带着我们的温度，一个接一个地向下传递。

2011

朱光亚：一生就做了一件事

人生为一大事来。他一生就做了一件事，但却是新中国血脉中，激烈奔涌的最雄壮力量。

细推物理即是乐，不用浮名绊此生。遥远苍穹，他是最亮的星。

胡忠、谢晓君夫妇：坚守藏区12年支教

他们带上年幼的孩子，是为了更多的孩子。他们放下苍老的父母，是为了成为最好的父母。不是绝情，是极致的深情；不是冲动，是不悔的抉择。他们是高原上怒放的并蒂雪莲。

吴孟超：设身处地为病人着想

60年前，他搭建了第一张手术台，到今天也没有离开。手中一把刀，游刃肝胆，依然精准；心中一团火，守着誓言，从未熄灭。他是不知疲倦的老马，要把病人一个一个驮过河。

刘伟：无臂钢琴师

当命运的绳索无情地缚住双臂，当别人的目光叹息生命的悲哀，他依然固执地为梦想插上翅膀，用双脚在琴键上写下：相信自己。那变幻的旋律，正是他努力飞翔的轨迹。

杨善洲：退休后义务植树22年

绿了荒山，白了头发，他志在造福百姓；老骥伏枥，意气风发，他心向未来。清廉，自上任时起；奉献，直到最后一天。60年里的一切作为，就是为了不辜负人民的期望。

阿里木：8年资助上百名贫困生

快乐的巴郎，在烟火缭绕的街市上，大声放歌。苦难没有冷了他的热心，声誉不能改变他的信念。一个人最朴素的恻隐，在人群中激荡起向善的涟漪。

张平宜：麻风村孩子的“希望之翼”

蜀道难，蜀道难，台湾娘子上凉山。跨越海峡，跨越偏见，她抱起麻风村孤单的孩子，把无助的眼神柔化成对世界的希望。她看起来无比坚强，其实她的内心比谁都柔软。

吴菊萍：托举生命的最美妈妈

危险裹胁生命呼啸而来，母性的天平容不得刹那摇摆。她挺身而出，接住生命，托住了幼吾幼以及人之幼的传统美德。她并不比我们高大，但那一刻，已经让我们仰望。

孟佩杰：恪守孝道的平凡女孩

在贫困中，她任劳任怨，乐观开朗，用青春的朝气驱赶种种不幸；在艰难里，她无怨无悔，坚守清贫，让传统的孝道充满每个细节。虽然艰辛填满四千多个日子，可她的笑容依然灿烂如花。

刘金国：烈火锻造的铁血将帅

贼有未曾经我缚，事无不可对人言。是盾，就矗立在危险前沿，寸步不退；是剑，就向邪恶扬眉出鞘，绝不姑息。烈火锻造的铁血将帅，两袖清风的忠诚卫士。

白方礼：挚爱永恒

白方礼于1913年出生，于2005年去世。祖籍河北省沧州市沧县白贾村。

白方礼祖辈贫寒，13岁起就给人打短工。他从小没念过书，1944年，因日子过不下去逃难到天津，流浪几年后当上了三轮车夫。从1987年开始，白方礼连续十多年靠自己蹬三轮的收入帮助贫困的孩子实现上学的梦想，直到他将近90岁。

2012

林俊德：纵死终令汗竹香

大漠，烽烟，马兰。平沙莽莽黄入天，英雄埋名五十年。剑河风急云片阔，将军金甲夜不脱。战士自有战士的告别，你永远不会倒下！

陈斌强：孝更绝伦足可矜

小时候，这根布带就是母爱，妈妈用它背着你。长大了，这布带是儿子的深情，你用它背着妈妈。有一天，妈妈的记忆走远了，但爱不会，它在儿女的臂膀上一代代传承。

何玥：何处春江无月明

正是花样年华,你却悄然离开。你捐出自己,如同花朵从枝头散落,留得满地清香。命运如此残酷,你却像天使一样飞翔。你来过,你不曾离开,你用平凡生命最后的闪光,把人间照亮。

陈家顺：动人以行不以言

为乡亲卧底，你吃遍所有的苦，为百姓打工，你换来群众最多的甜。你乔装改扮，却藏不住心底最深的惦念；你隐姓埋名，可我们都知道你是谁，为了谁。

高淑珍：爝火燃回春浩浩

粗糙的手支起课桌，宽厚的背挡住风雨。有了爱，小院里的孩子一天天茁壮起来。你的心和泥土一样质朴，你洒下辛苦的种子，善良会生长成参天大树。

张丽莉：冰雪为容玉作胎

别哭，孩子，那是你们人生最美的一课。你们的老师，她失去了双腿，却给自己插上了翅膀；她大你们不多，却让我们学会了许多。都说人生没有彩排，可即便再面对那一刻，这也是她不变的选择。

李文波：能受天磨为铁汉

二十年坚守，你站成了一块礁石，任凭风吹浪打。却只能愧对青丝白发。你也有梦，可更知肩上的责任比天大。你的心中自有一片海，在那里，祖国的风帆从不曾落下。

高秉涵：悲莫悲兮生别离

海峡浅浅，明月弯弯。一封家书，一张船票，一生的想念。相隔倍觉离乱苦，近乡更知故土甜。少小离家，如今你回来了，双手颤抖，你捧着的不是老兵的遗骨，一坛又一坛，都是满满的乡愁。

周月华、艾起：清香传得天心在

她背起药箱，他再背起她。他心里装的全是她，而她的心里还装着整个村庄。一条路，两个人，二十年。大山巍峨，溪水蜿蜒，月华皎洁，爱正漫漫地升起。

罗阳：长使英雄泪满襟

如果你没有离开，依然会，带吴钩，巡万里关山。多希望你只是小憩，醉一下再挑灯看剑，梦一回再吹角连营。你听到了么？那战机的呼啸，没有悲伤，是为你而奏响！

集体奖：湄公河“105案”专案组

2011年10月，东南亚缅泰边境的“糯康集团”制造“湄公河105惨案”，杀害13名中国船员，震惊世界。公安部禁毒局局长刘跃进带领专案组成员，深入案发地，经过6个多月的努力，将策划实施“105案”的特大武装贩毒集团首犯糯康抓获。湄公河“105案”成功侦破，告慰了逝者及家属，维护了我国法律的尊严，彰显了我国政府保护公民生命财产安全的决心和能力，也树立了国际警务和司法合作的典范，有力打击了跨国犯罪活动，有效维护了湄公河流域安全。

2013

黄旭华：中国核潜艇之父

时代到处是惊涛骇浪，你埋下头，甘心做沉默的砥柱；一穷二白的年代，你挺起胸，成为国家最大的财富。三十载赫赫而无名，花甲年不弃使命。你的人生，正如深海中的潜艇，无声，但有无穷的力量。

刘盛兰：高龄老人拾荒助学子

残年风烛，发出微弱的光，苍老的手，在人间写下大爱。病弱的身躯，高贵的心灵，他在九旬的高龄俯视生命。一叠叠汇款，是寄给我们的问卷，所有人都应该思考答案。

陈俊贵：守墓老兵

只为风雪之夜一次生死相托，你守住誓言，为我们守住心灵的最后阵地，洒一碗酒，那碗里是岁月峥嵘；敬一个礼，那是士兵最真的情义。雪下了又融，草黄了又青，你种在山顶的松，岿然不动。

段爱平：老百姓的贴心人

山梁挡住了阳光，你用肩膀扛起乡亲的盼望，没有惊天动地，总是一点一滴。村庄在渐渐丰满，你的身体却慢慢柔弱。庄稼，总要把一切还给泥土。你贴工，贴钱，贴命，你还贴近百姓的心。

沈家父子：“油菜花父子”35年追梦路

父亲留恋那油菜花开的芬芳，儿子就把他葬在不远的山上。三十年花开花谢，两代人春来秋往，一家人不分昼夜，守护最微弱的希望。一粒种子，蕴含着世代相传的梦想。

格桑德吉：悬崖边上的护梦人

不想让乡亲的梦，跌落于悬崖，门巴的女儿执意要回到家乡。坚守在雪山、河流之间，把知识一点点注入一个个乡村。她用一颗心，脉动一群人的心，用一点光，点亮山间更多的灯火。

胡佩兰：永远在路上的医者

技不在高，而在德；术不在巧，而在仁。医者，看的是病，救的是心，开的是药，给的是情。扈江离与辟芷兮,纫秋兰以为佩。你是仁医，是济世良药。

姚厚芝：针线绣出的母爱

疾病压垮了身体，但不能摧毁母爱。草根母亲呕心沥血，为孩子缝补梦想，而深厚的爱，更铺就孩子精神的未来。你穿针引线，日夜不停，请上天给你多一些时间，让你把美好的愿望，织进这春天的图景。

方俊明：迟到的荣誉　不悔的信念

纵身一跃，却被命运撞得头破血流。在轮椅上度过青春，但你却固执地相信善良，丝毫不悔。荣誉可以迟到，英雄终有归处。今天你不能起身，但我们知道，你早已站立在所有人面前。

龚全珍：信仰之火铸就奉献人生

少年时寻见光，青年时遇见爱，暮年到来的时候，你的心依然辽阔。一生追随革命、爱情和信仰，辗转于战场、田野、课堂。跨越万水千山，脚步总是坚定，而爱越发宽广。人民的敬意，是你一生最美的勋章。

集体奖：载人航天英雄

2003 ~ 2013载人航天英雄群体

从2003年到2013年，中国载人航天走过了十年路程，伴随着一次又一次的起飞，中国人在太空中行走得越来越远，而我们的梦想却越来越近，让我们向载人航天英雄群体致敬。

附录部分转自中央电视台《感动中国》栏目